Birgit Ebbert

Hagen

Porträt einer Stadt

Birgit Ebbert

Hagen

Porträt einer Stadt

GMEINER KULTUR

Besuchen Sie uns im Internet:
www.gmeiner-verlag.de

Im Ehnried 5, 88605 Meßkirch
Telefon 07575/2095-0
info@gmeiner-verlag.de

1. Auflage 2016

Lektorat: Claudia Senghaas
Bildredaktion: Ricarda Dück
Satz: Julia Franze
Bildbearbeitung/ Umschlaggestaltung: Benjamin Arnold
Kartendesign: Mirjam Hecht; © The World of Maps (www.123vectormaps.com)
Druck: AZ Druck und Datentechnik GmbH, Kempten
Printed in Germany
ISBN 978-3-8392-1879-2

Roue PARIS
GALERIA

Volme Galerie
H&M
ESPRIT
Eiscafé
Eiscafé

1 Von der Orgelempore auf die Bühne

Cornelia Dietrich begann ihre Opernkarriere am Theater Hagen

Cornelia Dietrich ist ein Beispiel dafür, was Lehrer und Schule bewegen können. Bis sie 1960 von der Grundschule in Holthausen auf das Ricarda-Huch-Gymnasium wechselte, hat sie nicht mehr gesungen oder musiziert als ihre Mitschülerinnen. »Meine ersten Lieder habe ich mit meiner Mutter in der Badewanne gesungen, aber das war's auch.« Keiner ahnte, dass sie 50 Jahre später auf eine erfolgreiche Karriere als gefeierte Opernsängerin zurückblicken würde, die ihren Anfang am Theater Hagen nahm.

»Begonnen hat alles mit meiner Musiklehrerin Käthe Hyprath, die auch Kirchenmusikdirektorin in Hagen war«, erinnert sich Cornelia Dietrich. »Sie hat mein Herz für die Musik geöffnet. Ich wusste in der Sexta zwar nicht, was eine Umstandsbestimmung ist und war immer schlecht in Mathe, aber ich kannte das Weihnachtsoratorium und konnte es singen.« Wenn sie von der Lehrerin spricht, spürt man die Begeisterung, mit der diese Cornelia Dietrich angesteckt hat. Sie hat die Begabung des Mädchens erkannt und gefördert. »Das war nicht immer leicht, ich musste viel arbeiten, aber es hat sich gelohnt.« Zunächst lernte sie Klavier spielen, doch das wurde ihr zu langweilig, und sie war froh, dass in der Aula neben dem Flügel auch eine Ott-Orgel zur Verfügung stand. »Ich habe manche Englischstunde geschwänzt, um auf der Orgel zu üben«, verrät Cornelia Dietrich, die von den Mitschülern *Mozart* genannt wurde. »Weil ich bei einem öffentlichen Vorspiel eine Mozartsonate spielte«, glaubt sie.

Vielleicht aber deshalb, weil auch die Schüler ihr Talent erkannten, hat sie doch schon mit 15 in Vertretung ihrer Lehrerin den Schulchor und das Schulorchester geleitet und in der Johanniskirche für Käthe Hyprath die Gottesdienste gespielt. Mit 14 bekam sie eine Kirchenstelle in Holthausen, was bedeutete, dass sie in den Gottesdiensten Orgel spielte und den Chor leitete. Sie war 17, als sie die C-Prüfung für nebenamtliche Kirchenmusiker ablegte. Da lag ein Studium der Schulmusik und Germanistik nahe, das Corne-

Die Figuren von Milly Steger gab es schon bei Cornelia Dietrichs Karrierestart

lia Dietrich mit dem Ersten und Zweiten Staatsexamen an der Realschule Hörde in Dortmund abgeschlossen hat. Nach der Verbeamtung ging es ihr wie Jahre zuvor mit dem Klavier, die Vorstellung, für immer auf die Aufgabe beschränkt zu sein, schreckte sie. So entschied sie sich zum Entsetzen des Vaters, Schulleiter einer Hagener Förderschule, einen neuen Weg einzuschlagen. »Meine Freundin Ruth hat mich auf die Idee gebracht, etwas mit meiner Stimme zu machen.« So begann sie mit 27 Jahren nicht den Start in eine Schullaufbahn, sondern studierte Gesang bei Kammersängerin Astrid Varney und Professor H. Scholz am Robert-Schumann-Institut in Düsseldorf, finanziert durch ein Begabtenstipendium und Unterricht an der Musikschule. Erste Preise bei zahlreichen Gesangswettbewerben, unter anderem in Antwerpen, Genf und Barcelona, und der Sieg bei der Bundesauswahl verschafften ihr einen Ruf in der Musikwelt. Mit diesem Erfolg im Gepäck bewarb sie sich 1986 am Theater Hagen, als sie erfuhr, dass Musikdirektor Michael Halasz eine Altstimme für die Matthäuspassion suchte. Sie wurde sofort engagiert.

Wer erlebt, wie sie von ihren Rollen und ihrem Theaterleben erzählt, ahnt, dass ganz sicher auch ihr schauspielerisches Talent die Entscheidung beeinflusst hat. »Vor allem meine Unbefangenheit, mein Fleiß, meine Disziplin und mein starker Wille waren der Motor für den Erfolg«, da ist sich Cornelia Dietrich sicher. Sie ärgert sich heute, wenn sie Kollegen sieht, die nachlässig auftreten und nicht versuchen, das Beste aus sich herauszuholen. »Diese Kraft habe ich, das ist mir spät klar geworden, von meinem Großvater Stephan Dietrich, der viele Heimatlieder, Gedichte und Geschichten geschrieben hat und im Erzgebirge noch heute als der bekannte Heimatdichter, der *Saafnlob*, geehrt wird.« Das Vorwort zu dem Buch über ihren Großvater hat sie überschrieben mit: »Nur wer Begeisterung in sich trägt, kann auch begeistern.« Ein Satz, der genauso auf sie selbst zutreffen könnte. In den zwei Spielzeiten am Theater Hagen hat sie die Menschen über die Stadt hinaus begeistert, sodass sie danach viele Jahre am Stadttheater Krefeld war, bis sie wieder einmal genug vom Einerlei hatte und freiberufliche Opernsängerin wurde. Als solche hat sie auf allen großen Bühnen in Deutschland und im deutschsprachigen Raum gesungen. Vor allem Rollen, die ihr auf den Leib geschrieben scheinen, starke Frauen, die etwas bewegen wie die Klytämnestra in *Elektra*, die Herodias in *Salome* oder die Kabanicha in *Katja Kabanova*, vor allem aber den *Ring* von Richard Wagner. Mit einer starken Frau beendete sie 2012 ihre Bühnenlaufbahn, sie gab die alte Priorin im *Dialog der Karmeliterinnen*. »Ich fand die Rolle gut als letzte Bühnenrolle«, begründet sie ihre Entscheidung für den Abschied von der Bühne. Sie bedauert den Schritt auch nach drei Jahren nicht, genießt es vielmehr, ohne Sorge um eine Erkältung Cabrio zu fahren und zu tun, was ihr einfällt, zum Beispiel gelegentlich in Hagen vorbeizuschauen, Freunde zu besuchen und vielleicht doch auch wieder einmal eine Inszenierung im Theater Hagen anzuschauen.

THEATER HAGEN
ELBERFELDER STRASSE 65
58095 HAGEN
WWW.THEATERHAGEN.DE

11:51
ESTD 1887
BULMERS

2 Zwischen Mikrofon und Stammtisch

Robin Hiermer plaudert aus dem »Vertellken«

Für viele Hagener ist der Freitag kein echter Freitag, wenn Friedel Hiersenkötter nicht aus dem *Vertellken* sein Statement zur Welt abgegeben hat und wer weiß, vielleicht wartet sogar der eine oder andere darauf, was Friedel denkt, ehe er sich eine Meinung bildet. Der Weg, mehr über diesen Herrn, den die meisten nur aus dem Rundfunk kennen, zu erfahren, führt ins Sendestudio von 107.7 Radio Hagen. Dort arbeitet Robin Hiermer, gebürtiger Hagener mit einem großen Faible für seine Heimatstadt, das er in seiner Funktion als Radiomoderator nach Herzenslust ausleben kann.

Die meiste Zeit informiert der 40-Jährige im Radio über das aktuelle Geschehen in der Stadt. Doch einmal in der Woche, und manchmal auch für Auftritte, schlüpft er in die Rolle von Friedel Hiersenkötter und bringt seine Gedanken über das aktuelle Geschehen in der Stadt oder in der Welt auf den Punkt. Bis zur Nominierung für den LfM-Hörfunkpreis hat er es schon gebracht, und wer weiß, vielleicht darf Friedel Hiersenkötter irgendwann endlich eine Trophäe entgegennehmen.

Birgit Ebbert: In Hagen, das muss man wissen, ist jemand nicht einfach nur Hagener, sondern Hohenlimburger oder Hasper, Boeler oder Eilper oder … In welchem Stadtteil bist du aufgewachsen, Robin?

Robin Hiermer: Ich bin in Rummenohl aufgewachsen. Das war herrlich, wir konnten dort viel in der Natur spielen. Im Wald, am Bach, oft haben wir dort Hütten gebaut und Indianer zwischen den Tannen gespielt, mit einem Zeltlager mitten im Wald. Damals gab es dort noch eine Grundschule, die ich besucht habe, ehe ich dann aufs Fichte-Gymnasium in der Innenstadt wechselte.

Was gibt es in Rummenohl, was deiner Meinung nach verkannt und zu wenig bekannt ist?

Den *TUS Volmetal*, der ein super Angebot für die Familien anbietet, das über den Sport hinausgeht, was über den Stadtteil hinaus viel zu wenig geschätzt wird.

Einen Großteil seiner Zeit verbringt Robin Hiermer im Studio des Funkhauses

Hast du eigentlich immer in Hagen gewohnt?

Ja, ich habe immer in Hagen gewohnt, ich habe hier Zivildienst im Naturfreundehaus gemacht und danach direkt bei Radio Hagen angefangen. Da ich hier in Hagen Handball gespielt habe und meine Band hatte, hat sich das nie ergeben wegzuziehen.

Wie kamst du zum Radio, und das ausgerechnet in deiner Heimatstadt?

Das war Glück. Ich hatte Schlagzeugunterricht bei dem Ehemann der heutigen Chefin, und als ich nach dem Zivildienst ein Praktikum suchte, ergab es sich, dass ich hier anfing. Dabei war ich überhaupt nicht der Typ, der gerne öffentlich auftreten wollte. Ich erinnere mich gut daran, dass ich mich in der 3. Klasse geweigert habe, auf die Bühne zu gehen, um in einem Theaterstück mitzuwirken. Bei Radio Hagen sollte ich dann gleich am zweiten Tag einen eigenen Beitrag machen und stellte fest, dass das etwas ist, das mir liegt und das mir Spaß macht. Ich hatte allerdings wieder großes Glück, dass ich hier kreative Menschen wie Harry Wandke und Carsten Schnieders traf, die mich ermutigt und inspiriert haben.

Worum ging es in dem ersten Beitrag? Weißt du das noch?

Oh ja, das weiß ich noch genau. Es war ein Beitrag über die Eröffnung eines irischen Pubs, und da ich ein absoluter Irland-Fan bin, war das mein Thema.

Wie bist du Irland-Fan geworden?

1993 habe ich mit fünf Freunden eine Interrail-Tour durch Irland gemacht. Die Musik in den Pubs hat mich begeistert, aber auch Land und Leute, mit denen man schnell ins Gespräch kommen kann. Das ist heute noch genauso. Nach 20 Jahren haben wir die Tour wiederholt und waren in einigen Orten, die wir damals besucht haben, auch dort, wo es mit der Musik anfing.

Da erübrigt sich fast die Frage, ob die Erlebnisse in Irland 1993 den Ausschlag für die Gründung deiner Band *The Ceili Family* gegeben haben, mit der du irische Musik machst.

Auf jeden Fall. Nach meiner Rückkehr habe ich mich verstärkt der irischen Musik gewidmet. Die Band wurde 1996 gegründet.

Dann feiert ihr 2016 euer 20-jähriges Jubiläum. Was hat sich seit der Gründung entwickelt?

Anfangs haben wir nur Songs gecovert, aber inzwischen gibt es in unserem Programm genauso viele eigene wie gecoverte Songs. Da wir alle noch andere Jobs haben außer der Band, spielen wir überwiegend in Nordrhein-Westfalen auf Festivals und in Pubs. Aber wir waren auch schon in den Niederlanden. Die meisten Auftritte sind im März, rund um den St. Patrick's Day am 17. März, da das der Schutzpatron Irlands ist, und da auch in Irland immer viel los ist.

Du bist nicht nur Moderator, sondern hast viele andere Schwerpunkte. Du moderierst Veranstaltungen, trittst mit der Band *The Ceili Family* auf, kommentierst als Friedel Hiersenkötter die Weltgeschichte. Was ist die Klammer all deiner Aktivitäten?

Ich glaube, das ist das Spiel mit der Sprache, wenn möglich verbunden mit einem Schuss Ironie oder Augenzwinkern. Ich schreibe ja auch die Lieder für unsere Band und natürlich die Texte für Friedel.
(spricht als Friedel Hiersenkötter weiter)

Friedel Hiersenkötter: Dat wird ja auch ma Zeit, dat ihr über mich redet. Ich dachte schon, ich wäre hier völlich abgemeldet. Da heißt et, ich würde interviewt, und dann quatscht wieder nur der Hiermer. Ich versteh dat ja, macht auch optisch mehr her mit seine 40 Jahre. Aber dat is trotzdem nich richtich.

Entschuldigung, Herr Hiersenkötter, aber Sie müssen zugeben, es ist wirklich spannend, was Robin Hiermer erzählt, oder?

Jaja, aber der kann dat in seine Jugend doch alles noch nich so richtich verstehen. Hör'n Se mal …

Als Friedel Hiersenkötter kommentiert Robin Hiermer das Zeitgeschehen

Es tut mir leid, aber ich muss Sie leider unterbrechen. Ich bin nicht sicher, ob Sie jeder kennt. Ich stelle Sie kurz vor: Das ist also Friedel Hiersenkötter, ein Ur-Hagener, der jeden Freitag auf Radio Hagen die Geschehen in der Welt und in Hagen vom Stammtisch aus kommentiert.

Wat heißt hier, Ur-Hagener, Ur-Rummenohler!

Okay. Dann erzählen Sie doch selbst etwas über sich, Herr Hiersenkötter.

Wat gibt et da schon zu erzählen. Ich treff mich halt mit meine Kumpels im *Vertellken* und dann sach ich denen mal, wie et so läuft inne Welt. Fast wäre ich sogar Oberbürgermeister geworden, aber dann hat mich doch nur einer gewählt, und dat nich mal auf einen ordentlichen Stimmzettel. Ich muss jetz auch. Die Kumpels im *Vertellken* warten.

Weg ist er! Robin, dann muss ich dich eben fragen, wie alt Friedel ist, und wie er in den Äther kam?

Friedel Hiersenkötter als Person ist so Mitte 60, er hat das große Glück, dass er nicht älter wird. Als Figur entstanden ist er 1999. Bis dahin gab es bei Radio Hagen Karl-Heinz Bodenbröder, unseren Hausmeister, gesprochen und konzipiert von Carsten Schnieders. Als Carsten das Radio verließ, stellte sich in der Redaktionskonferenz die Frage, ob und wer als Nachfolger von Bodenbröder die Geschehnisse in Hagen und in der Welt kommentieren könnte. Ich hatte schon vorher gelegentlich aus Spaß mit Carsten im Hagener Dialekt gesprochen und bekam die Aufgabe, eine Figur zu entwickeln.

Gibt es ein Vorbild für das *Vertellken*, in dem Friedel seine Reden schwingt?

Ja, das ist die Gaststätte *Dienstuhl* in meinem Heimatstadtteil. Heute steht da nur noch das Haus. In meiner Kindheit und Jugend bin ich ständig daran vorbeigefahren, deshalb fiel mir die Kneipe sofort ein, als ich einen Ort suchte, an dem Friedel seine Stammtisch-Freunde trifft.

Wann und wie entstehen die Texte für die Friedel-Beiträge?

Ich denke natürlich die ganze Woche darüber nach, über welches Thema Friedel sich auslassen könnte. Donnerstag ist dann immer »Bauchschmerzentag«, weil ich entscheiden muss, worüber er sprechen wird. Manchmal liegen die Themen in der Luft wie die Oberbürgermeisterwahl im ersten Halbjahr 2014 oder Pegida oder die Fußball-WM in Katar Anfang 2015. Manchmal bin ich nicht sicher, ob man ein Thema bringen darf. Aber dann denke ich mir, am Stammtisch wird darüber gesprochen, also kann Friedel mitreden, und wenn ich mich dann an die Theke versetze, läuft es auch.

Wie viele Beiträge gibt es von Friedel Hiersenkötter, und kann man die auch gesammelt irgendwo anhören?

Die Anzahl der Beiträge müsste ich ausrechnen, die letzten kann man immer auf der Seite von Radio Hagen hören, bei YouTube finden sich auch ein paar und einige auf der CD, die wir zugunsten von *Lichtblicke e. V.*, aufgelegt haben.

Eine Frage noch zum Schluss: Was würdest du als typisch für Hagen bezeichnen?

Wenn man heute leichter mit dem Heimat-Begriff umgehen könnte, würde ich sagen, das ist »Heimat«, hier bin ich verwurzelt, ich kenne die Menschen und ihre Geschichten, und anders, als manche meinen, ist Hagen im Grunde eine richtig schöne Stadt.

FRIEDELS VERTELLKEN
EHEMALIGE GASTSTÄTTE DIENSTUHL
RUMMENOHLER STRASSE 11
58091 HAGEN
WWW.FUNKFUZZI.DE

Brauerei

3 Bier brauen zwischen Kirche und Natur

Christian Vormann leitet die Traditionsbrauerei Vormann

Bier ist das Traditionsgetränk im Ruhrgebiet, da gibt es kein Fest ohne Bier und kein Event ohne Bierstand. »Früher noch mehr als heute«, meint Christian Vormann, Spross einer Brauereifamilie, die seit über 100 Jahren in Hagen-Dahl Bier braut. Obwohl er als Junge am liebsten nichts machen wollte, ist Christian Vormann Brauer geworden. Inzwischen findet er: »Bierbrauer ist der geilste Beruf der Welt. Er bietet jungen Menschen, die weiterkommen wollen, so viele Möglichkeiten.«

Schon gerät er ins Schwärmen und erinnert sich an seine Jahre auf Wanderschaft nach seiner Ausbildung in der Bochumer *Fiege Brauerei*. »Das war eine tolle Zeit, weil ich viel gelernt habe und mich einbringen konnte, die möchte ich nicht missen.« Neben dem neuen Wissen hat er eine Erkenntnis mitgebracht: »Ich hätte nie gedacht, dass man nicht nur Heimweh, sondern auch Fernweh haben kann.« Trotzdem ist er nach Hagen zurückgekehrt und fühlt sich wohl hier, vor allem in Dahl, wo er aufgewachsen ist und zu jedem Gebäude eine Geschichte erzählen kann, und wo es viel Natur gibt. Die Natur, aber auch die kulturellen Angebote sind es, die für ihn Hagen zu einer besonderen Stadt machen. »Egal, wo man wohnt, man ist in 15 Minuten im Wald. Wo hat man das schon.« Er schmunzelt. »Für manche Hagener ist das bereits zu weit. Sie sind ein bisschen verwöhnt und möchten am liebsten alles direkt vor der Tür haben.«

Aber eigentlich findet er sie nett, weil sie sich selbst nicht zu wichtig nehmen. Er muss es wissen, schließlich trifft er den einen oder die andere beim Direktvertrieb oder den Besichtigungen der Brauerei an der Braugasse.

VORMANN BRAUEREI
BRAUGASSE 5
58091 HAGEN
WWW.VORMANN-BRAUEREI.DE

4 Der Motor des Hagener Impulses

Karl Ernst Osthaus erneuerte die Stadt vom Hohenhof aus

Bei einem Bummel durch Hagen weht einem stets ein Hauch von Karl Ernst Osthaus entgegen, dem Kulturmäzen, der sich schon vor über 100 Jahren für die Architektur und Kunst der Moderne begeistert hat und dem es ein Anliegen war, diese den Menschen nahezubringen. Obwohl er bei seiner Suche nach schönen Dingen und ihren Wurzeln die ganze Welt bereiste, zog es Osthaus stets zurück nach Hagen, wo er am 15. April 1874 geboren wurde. Schon früh verfasste er erste Theaterstücke und Gedichte und sah sich als angehender Lyriker und Dramatiker. »Zwei Monate nach der Reifeprüfung fand in Hagen die Aufführung meines Trauerspiels *Columbus* statt.« Sein Vater bestand jedoch auf einer kaufmännischen Ausbildung, was nur kurze Zeit gut ging. »Bald veranlasste ihn aber mein nervöser Zusammenbruch, von einer weiteren Beeinflussung meiner Berufswahl abzusehen.« Doch auch die Aufnahme des literarisch-kunstwissenschaftlichen Studiums brachte Karl Ernst Osthaus keine Ruhe. Er wechselte häufig die Universität, mal war er in Kiel, dann wieder in München oder Bonn - immer auf der Suche nach neuen Impulsen.

Als er nach dem Tod seiner Großeltern die stattliche Summe von drei Millionen Mark erbte, was heute etwa 30 Millionen Euro entspräche, wusste er, wie er das Geld anlegen würde. »Meine Absicht ging auf die Gründung mehrerer Institute, die wissenschaftlichen und künstlerischen Zwecken dienen sollten«, schrieb er 1918, drei Jahre vor seinem Tod, in der Rückschau auf sein Wirken.

Anfangs faszinierten ihn in erster Linie die Naturwissenschaften, es heißt, dass er Tausende von präparierten Faltern besaß, die heute verschollen sind. Eine Reise auf den Balkan und in den Vorderen Orient eröffnete ihm dann aber eine neue Perspektive. »Die Reise machte mich zum Sammler von Kunstwerken, und als ich im Frühjahr 1899 nach Hagen zurückkehrte, war das Problem der Aufstellung meiner Kunstsammlungen bereits dringend geworden.« Zu jener Zeit war sein Museum, in dem die Ursprünge des heutigen *Folkwang-Museums* liegen, bereits im Bau. Osthaus hatte den Berliner

Mit der Arbeitersiedlung Walddorf wollte Osthaus Kunst ins Volk tragen

Architekten Carl Gérard für die Gestaltung gewonnen. Die Entwürfe wirkten ihm dann aber doch zu altbacken, sodass er Henry van de Velde bat, den Innenausbau völlig neu zu entwerfen. Obwohl das Gebäude bereits stand, ist es van de Velde gelungen, eine für die damalige Zeit sensationell neue, bis heute viel beachtete Gestaltungsweise zu realisieren. Am 19. Juli 1902 wurde das Museum schließlich mit drei Schwerpunkten eröffnet: moderne Kunst, historisches Kunstgewerbe und Naturwissenschaften. Im Laufe der Zeit rückten vor allem Letztere in den Hintergrund. Durch seine persönlichen Kontakte zu namhaften Künstlern wuchs Osthaus' Interesse an moderner Kunst, und er entwickelte ein gutes Gespür für Kunst, unter anderem zeigte er im September 1905 in Hagen die erste Einzelausstellung mit Werken von Vincent van Gogh in Deutschland.

Während er seine Sammlung erweiterte, beschäftigte Osthaus immer wieder die Frage, wie die Kunst zu den Menschen gebracht werden konnte. »Das große Problem der Zeit war die Zurückführung der Kunst ins Leben, und dieser Aufgabe hat das Museum sich seither zu widmen versucht.« Kunst musste für ihn in die »Halle des Volkes« gebracht werden, für jeden erlebbar, denn »ohne die Mitwirkung der Kunst sind die wichtigsten Fragen des Lebens unlösbar«.

Das Museum war ein Projekt, mit dem er diesen Gedanken, den er später als *Folkwang-Prinzip* bezeichnete, verwirklichen wollte. Auch die von ihm initiierte und finanzierte Arbeitersiedlung Walddorf war auf seine Vision ausgerichtet, Kunst ins Volk zu bringen. Die Häuserzeile, die heute noch am Rand des Wasserlosen Tals zu sehen ist, sollte als Beispiel dafür dienen, dass Arbeiterhäuser auch mit knappen Mitteln kunstvoll und ästhetisch eingerichtet werden konnten.

Obwohl Osthaus viel in der Welt unterwegs war und sich von anderen Kulturen inspirieren ließ, hatte er immer seine Heimatstadt im Blick. So engagierte er sich dafür, dass das staatliche Handfertigkeitsseminar, in dem Künstler als Lehrer verpflichtet wurden, nach Hagen kam, und er initiierte die Gründung einer Silberschmiede in der Volmestadt, von der es heute keine Spuren mehr gibt.

»An dieser Stelle sei nachgetragen, dass meine dichterische Tätigkeit im Laufe der Zeit hinter die wissenschaftliche und organisatorische zurücktrat.« Statt selbst Literatur oder Dramen zu verfassen, versammelte Karl Ernst Osthaus in Hagen Schauspieler, um sie moderne Dramen darbieten zu lassen – auf Bühnen, die vom Stararchitekten Peter Behrens oder von dem Künstler Christian Rohlfs entworfen wurden. »Dichtung, Musik und Tanzkunst fanden im Folkwang vielfältige Pflege.« Selbst Heinrich Mann war damals in Hagen zu Gast, um aus seinen Werken zu lesen, und »der Tänzer Alexander Sacharoff hat in Hagen seine ersten großen Erfolge geerntet«. Am Ende mündete das Engagement von Karl Ernst Osthaus für das Theater in einem Gebäude, das noch heute am ursprünglichen Ort an der Elberfelder Straße bespielt wird und mit den von Milly Steger geschaffenen Figuren über dem Eingang als Kleinod des Jugendstils gilt. Die Geschichte der Frauenkörper über dem Hauptportal liefert ein Beispiel dafür, dass Karl Ernst Osthaus seiner Zeit voraus war –

In der Künstlerkolonie am Stirnband siedelten sich namhafte Künstler an

und nicht immer auf einer Wellenlänge mit seinen Zeitgenossen. 200 Frauen demonstrierten 1911 zusammen mit einem evangelischen Pfarrer gegen die nackten Frauen am Theater, und die Stadtväter verboten gar Kindern und Jugendlichen den Besuch der Aufführungen. Nur dank seiner guten Kontakte in die Kunstszene konnte Karl Ernst Osthaus verhindern, dass die Figuren entfernt wurden. Aber in solchen Situationen war er erfahren. Bereits 1905 musste er auf sein Netzwerk namhafter Künstler zurückgreifen, als er sich für den Bau des ersten Krematoriums in Preußen engagierte. Damals hatte er den befreundeten Architekten Peter Behrens um einen Gegenentwurf zu dem wenig ansprechenden Gestaltungsvorschlag des *Hagener Feuerbestattungsvereins* gebeten. Mit Erfolg, wie man auf dem Friedhof in Delstern heute sehen kann, wo das denkmalgeschützte Gebäude die gleiche Ruhe und Schönheit ausstrahlt wie vor über 100 Jahren.

Das Ziel, dem Volk Kunst und Kultur nahezubringen, realisierte Karl Ernst Osthaus nicht nur mit den beschriebenen großen Projekten. Er sorgte dafür, dass jeder, der Interesse hatte, sich in Sachen Kunst und Ästhetik bilden konnte. »Zu Abendkursen für Erwachsene gesellten sich solche für die höheren Schulen. Sie erfreuten sich unter verständnisvoller Förderung der Direktion regster Anteilnahme.« Selbst diejenigen, die nicht an den Seminaren teilnahmen, kamen an Osthaus' Idealen nicht vorbei. Mit einem Schaufensterwettbewerb – einer Aktion seines 1909 ebenfalls in Hagen gegründeten *Deutschen Museums für Kunst in Handel und Gewerbe* – brachte er die Kunst in den öffentlichen Raum, Bücher aus der *Hagener Verlagsanstalt für Kunst und Kunstgeschichte* trugen »bisher vernachlässigte oder neu entdeckte Gebiete der Kunstgeschichte durch fotografische Aufnahmen bester Qualität« in jedes Haus, und die vor Weihnachten stattfindende kunstgewerbliche Jahresabschlussausstellung stellte den direkten Bezug zwischen Kultur und Alltag her.

Karl Ernst Osthaus ließ keine Gelegenheit aus, seine Ideen in die Tat umzusetzen und den Menschen zu ermöglichen, was für ihn selbstverständlich war. Auch er lebte in einer Villa, deren Ästhetik bis heute in die Welt strahlt. Der *Hohenhof* gilt als Weltarchitektur und ist eines der Bauwerke, in dem die Handschrift des belgischen Architekten und Künstlers Henry van de Velde noch immer deutlich zu erkennen ist. Nach Osthaus' ursprünglichen Plänen sollte der *Hohenhof* das Zentrum der *Gartenstadt Hohenhagen* werden. Die Pläne wurden nicht mehr realisiert, lediglich die Häuser der Künstlerkolonie am Stirnband lassen erahnen, wie Osthaus sich die Gartenstadt vorgestellt hatte. Die Häuser wurden von seinen Lieblingsarchitekten Henry van de Velde, Peter Behrens und Jan L. M. Lauweriks konzipiert und gebaut und teilweise von Künstlern bewohnt und mitgestaltet, wie die Karyatide am Milly-Steger-Haus bis heute beweist.

Im Herzen des Areals aber strahlt der *Hohenhof* weiterhin jenen Charme aus, den schon Karl Ernst Osthaus gespürt hat. Jedes Detail wurde von Henry van de Velde entworfen, vom speziell entwickelten Interieur bis zu Kacheln von Henri Matisse, die durch wundersame Weise die NS-Zeit überstanden haben.

HOHENHOF
DAS MUSEUM DES HAGENER IMPULSES
STIRNBAND 10
58093 HAGEN
WWW.OSTHAUSMUSEUM.DE

David III.
2013 2014
Viktoria I. 1999-2000
Sophie I.
2013 2014

5 Als Kinderprinzenpaar in Hagen unterwegs

David Rembold und Sophie Kneip spielen in Hohenlimburg

Zwischen dem 11.11. und Aschermittwoch mischen auch in Hagen die Narren kräftig mit. Mit dabei ist immer auch ein Kinderprinzenpaar, das vor allem in den letzten Wochen vor Karneval und an den närrischen Tagen viel zu tun hat neben dem Hauptjob Schule. Rund 50 Auftritte haben der damals neunjährige David Rembold und die achtjährige Sophie Kneip, die in der Session 2013/2014 das Kinderprinzenpaar bildeten, in dieser Zeit hinter sich gebracht und dafür auf manches Spiel in der Hohenlimburger Innenstadt verzichtet.

In Hagen kann sich jedes Kind als Kinderprinz oder Kinderprinzessin bewerben, es muss nicht Mitglied in einem Karnevalsverein sein, sondern Freude daran haben, einige Wochen im Mittelpunkt zu stehen. David Rembold bekam den Wunsch, Kinderprinz zu werden, quasi in die Wiege gelegt. Sein Großvater ist seit Jahren zuständig für die Begleitung des Kinderprinzenpaares, und auch seine Mutter scheint dem Karneval zugeneigt, sonst wäre David wohl kaum mit zehn Monaten bereits bei einer Sessionseröffnung im Rathaus zugegen gewesen. Natürlich kam da die Idee auf, er könnte einmal Kinderprinz werden. Als er dann alt genug war, war er so infiziert vom Karnevalsvirus, dass er die Rolle begeistert übernommen hat. Zwar hänselten manche Mitschüler aus seiner 4. Klasse ihn anfangs, doch später wurde aus dem Spott Anerkennung für die Leistung, die er neben dem Schulalltag hinbekam. »Die Lehrer haben denen gesagt, sie sollten selbst mal auftreten, wenn sie gelacht haben«, erinnert sich David an die gute Unterstützung der Grundschule Wesselbach, die er zu jener Zeit besucht hat.

Nun ist der Kinderprinz nicht alleine unterwegs, sondern zusammen mit einer Prinzessin. Für David stand gleich fest, dass die Sophie Kneip werden sollte, mit der er durch die Freundschaft der beiden Mütter seit der Krabbelgruppe befreundet war. Sophie hat gleich zugestimmt, etwas lästig fand sie, dass es in der Schule hieß, sie seien verliebt und wollten heiraten, wo sie doch nur zusammen

Natürlich mussten Sophie und David auch in ihrer Karnevalssession in die Wesselbachschule

etwas Besonderes erlebten. Aber die meisten fanden es cool, dass sie Kinderprinzessin wurde. Zumal das Kinderprinzenpaar den Mitschülern ein ganz spezielles Geschenk machen konnte. Üblicherweise wird an der Wesselbachschule nur alle zwei Jahre Kinderkarneval gefeiert. Dank David und Sophie wurde von dieser Regel abgewichen, und so gab es zwei Jahre hintereinander für die Kinder in Hohenlimburg ein großes Karnevalsfest. Und da standen Prinz David und Prinzessin Sophie dann im Mittelpunkt, anders als bei manchen anderen Auftritten, bei denen sie vor lauter Erwachsenen rund um das große Prinzenpaar nicht zu Wort kamen. Deshalb haben sie vor allem die Auftritte genossen, in denen sie alleine unterwegs waren – in Schulen, in Kindergärten, in Altenheimen. Sogar im Düsseldorfer Landtag waren die beiden und durften die Sessel im Sitzungsraum der Fraktionen ausprobieren.

Dass diese Zeit etwas ganz Besonderes war, wird schnell deutlich, wenn die beiden von ihren Terminen erzählen. »Es war so lustig, dass wir mal ohne Eltern unterwegs sein durften«, meint Sophie, und über ihr Gesicht geht das Strahlen, mit dem sie vermutlich auch den Begleiter der beiden, *Opa Reinhold*, um den Finger gewickelt hat.

Ein Highlight war die Residenzeröffnung in der Tanzschule Siebenhüner, bei der traditionell Vertreter aller Karnevalsvereine dem Prinzenpaar huldigen und ihm Geschenke mitbringen. Neben Süßigkeiten und Kinogutscheinen gab es individuelle Geschenke wie eine Kappe des VfL Wolfsburg für Fan David, und einen Basketball mit den Autogrammen aller Spieler von *Phoenix Hagen* für die Prinzessin, von denen Sophie noch kein Heimspiel verpasst hat. Die Sportbegeisterung der beiden beschränkt sich übrigens nicht auf das Zusehen. Sophie trainiert Basketball, um irgendwann bei *Phoenix* spielen zu können und David spielt Fußball bei der E2-Jugend des *SV Hohenlimburg 1910*.

Doch die Geschenke sind nicht die einzige greifbare Erinnerung an jene besondere Zeit. Die beiden waren bisher das einzige Kinderprinzenpaar, für das ein eigener Song geschrieben wurde, den sie bei ihren Auftritten sangen, und von dem eine CD gebrannt und für einen guten Zweck verkauft wurde. Die CD *Hallo Hagen, hier geht die Post ab* steht natürlich noch immer in den Kinderzimmern.

Bei ihrer Tour haben die beiden viel von Hagen gesehen, und David fährt heute manchmal mit seinen Freunden in die große Innenstadt. Meist aber halten die beiden sich in Hohenlimburg auf, auch wenn es dort ihrer Meinung nach ein bisschen zu optimieren gäbe für Kinder. Gerade in der Innenstadt fehlt ein Platz, an dem Kinder Fußball spielen oder toben können. Wenn an die Stelle einiger alter Häuser eine solche Möglichkeit für Kinder unterschiedlichen Alters mit Sandkasten und Rutsche für die kleinen, Fußballfeld und Basketballkorb für die größeren treten könnte, wäre das optimal.

HOHENLIMBURG
58119 HAGEN
WWW.BLAU-WEISSE-FUNKEN.DE

6 Zwieback im Kopf und Natur im Herzen

Carl-Jürgen Brandt gibt Firmeneinblicke im Haus Stennert

Ein Hagener Name, der ganz sicher schon in jedem Haushalt in Deutschland genannt wurde, ist der Name Brandt. Wem fällt bei Zwieback nicht gleich Brandt ein, und fast jeder hat dabei sofort das lachende Kind vor Augen, das seit über 100 Jahren den Produkt-Klassiker des Hagener Unternehmens ziert und das von dem Schild an der Einfahrt zum *Haus Stennert* strahlt. Auch wenn das Unternehmen heute an verschiedenen Orten in Deutschland seine Produktionsstätten hat, in Ohrdruf den Zwieback herstellt, in Landshut Schokolade, in Burg das Burger Knäckebrot und in Rhede Schoko-Dragees und Pralinen, ist der Firmensitz weiterhin in Haspe, wo 1912 die erste Bäckerei der Familie Brandt angesiedelt war.

Diese Zeit kennt Carl-Jürgen Brandt, der heutige Firmeninhaber und Sohn des Unternehmensgründers Carl Brandt, nicht mehr. Auch der Umzug von der Hammerstraße in die Enneper Straße war lange vor seiner Zeit. Aber er erinnert sich gut daran, wie in den 60er-Jahren die Zwiebäcke mithilfe eines Transportbandes in etwa 5 Metern Höhe die viel befahrene B7 überquerten, um durch die Keksfabrik insgesamt zwei Kilometer zum Logistikzentrum gefahren zu werden. »Man muss sich vorstellen, der erste Teil der Fabrik wurde in den 20er-Jahren gebaut, und wann immer der Platz nicht ausreichte, wurde ein Stockwerk drauf gesetzt oder jenseits der Straße angebaut«, berichtet Carl-Jürgen Brandt, der Mitte der 80er-Jahre das Werk von seiner Mutter Betty Brandt übernommen hat. Sie hatte das Unternehmen nach dem Tod von Carl Brandt 20 Jahre lang geleitet und war damit eine der Unternehmerinnen der ersten Stunde.

Über eine Optimierung der Prozesse und kurze Wege machte man sich vor dem Zweiten Weltkrieg noch nicht so viele Gedanken. Dabei ist der Brandt-Zwieback ein gutes Beispiel dafür, dass sich ein Unternehmer überlegt hat, wie er sein Produkt zu »einem auskömmlichen Preis«, wie es Gründer Carl Brandt nannte, herstellen konnte.

»Zwieback war vor 100 Jahren eine Backware, die jede Bäckerei im Angebot hatte«, erzählt Carl-Jürgen Brandt, der während seiner

Das bekannte Kind von der Zwieback-Packung weist auf »Unsere kleine Zwieback-Welt« hin

Konditorlehre die praktische Seite des Unternehmens kennengelernt hat, ehe er sich mit den betriebswirtschaftlichen Zusammenhängen vertraut machte. »Zwieback war keine Erfindung meines Vaters. Sein Verdienst war, den Zwieback zu einem Volksgebäck zu machen, das gleichbleibend frisch ist, gut verpackt, preiswert und vor allem überall erhältlich.« Das vergisst man heute nämlich oft, dass früher – bis in die 60er-Jahre – Waren nicht durch das ganze Land gefahren wurden und nicht jedes Lebensmittel in jedem Ort erhältlich war. Carl Brandt hat Mitarbeiter durch das Land geschickt, um Aufträge auch über Hagen hinaus zu akquirieren, und er hat einen mit dem Brandt Zwieback Logo versehenen LKW angeschafft, um die Ware auch außerhalb der Stadt auszuliefern.

Dieser Teil des Vertriebs ist heute nicht viel anders, auch der Zwieback wird noch ähnlich produziert wie vor über 100 Jahren. Das Rezept dafür scheint auf den ersten Blick recht einfach, zumal die Zutaten auf jeder Packung stehen. Das Geheimnis des Geschmacks liegt nämlich in der Herstellung, vor allem die Art und Zeit, in der die

Teigstangen trocknen und gebacken werden, sind entscheidend. »Das Einzige, was mein Vater an der zu seiner Zeit üblichen Rezeptur geändert hat, war der Zucker. Den hat er hinzugefügt, um den Nährwert zu erhöhen«, verrät Carl-Jürgen Brandt und berichtet, dass eben jener Zucker dem Unternehmen in den letzten Jahrzehnten den Zugang zu manchem Nachbarland versperrt hat. »In Italien wird viel mehr Zwieback gegessen als bei uns, allerdings enthält der Zwieback dort keinen Zucker und ist eher so etwas wie Brotersatz, wie Knäckebrot zum Beispiel.« Der Versuch, etwas Ähnliches in Deutschland zu schaffen, wurde bald wieder eingestellt. »Für uns ist nur ein süßer Zwieback ein echter Zwieback.« Und der wird auf viele verschiedene Weisen gegessen, mit Butter, mit Nussaufstrich, pur oder wie auch Carl-Jürgen Brandt ihn noch immer gerne isst, in heißer Milch. Wer kann sich nicht daran erinnern? Allerdings hat sich der Geschmack der Menschen inzwischen geändert und auch die Interpretation von Bildern. »Mein Vater hat damals den Kinderkopf für die Verpackung ausgewählt, weil das Kind mit seinen Pausbäckchen Gesundheit und Bekömmlichkeit verkörperte.« Das war in einer Zeit, als es Essen nicht im Überfluss gab und man darauf achtete, gesund satt zu werden, eine wichtige Botschaft, die sich in den Köpfen auch festgesetzt hat. Bis heute verbinden viele den klassischen Zwieback mit Gesundung im Sinne von Gesundwerden, wenn man krank ist. Man isst ihn eher bei Bauchschmerzen, als um fit und vital zu werden und sich gesund zu ernähren.

Für Carl-Jürgen Brandt bedeutet dieser Wandel, sich auf neue Denk-, Seh- und Nutzungsgewohnheiten einzustellen und aus seinem Kernprodukt heraus zeitgemäße Angebote zu entwickeln. 2015 waren das »Zwiebäckchen-to-go«. Hierfür wurden Zwiebäcke in Miniaturformat, die man sich unterwegs mal eben ohne zu krümeln in den Mund schieben kann, in angesagte Becher verpackt, wie man sie von Coffee-to-go kennt.

»Angesichts solcher Veränderungen ist es wichtig, dass die Herstellung optimal abläuft. Nur so kann man Neues ausprobieren«, erklärt Carl-Jürgen Brandt und berührt damit ein Thema, das ihn wie

Das Zwieback-Museum gibt einen Einblick in die Geschichte von Familie und Werk

auch die Hagener lange beschäftigt hat, den Wegzug des Werks aus Haspe Anfang des Jahrhunderts. Ende der 90er-Jahre war klar, dass die Produktionsbedingungen in den Gebäuden aus den 20er- und 30er-Jahren nicht mehr zeitgemäß waren. Das Unternehmen wurde im Krieg von Bombenangriffen verschont, die meisten Gebäude, die heute an der B7 auf einen Mieter oder Investor warten, stammen noch aus der ersten Hälfte des 20. Jahrhunderts, als es zwar bereits Maschinen gab und man nicht mehr mit der Hand rührte, aber doch nicht so automatisiert arbeitete wie heute. Die Teigstangen mussten teilweise mit Aufzügen über fünf Stockwerke transportiert werden, ehe sie weiterverarbeitet werden konnten. »Ich wollte ein neues Werk bauen, in dem der gesamte Prozess auf einer Ebene stattfindet«, erinnert sich Carl-Jürgen Brandt. Ein passendes Grundstück, das dazu noch Gleisanschluss haben sollte, war in Hagen nicht leicht zu finden, und auch andere Rahmenbedingungen führten am Ende dazu, dass die Produktionsstätte ins thüringische Ohrdruf verlegt wurde. »Dort ist es heute eines von mehreren Werken, die zur Gruppe gehören. Aber für mich war immer klar, dass der Unternehmenssitz in Hagen bleibt. Ich fühle mich als Hagener, auch wenn ich nicht meine ganze Kindheit hier verbracht habe.«

Vor allem die Wälder hier haben es dem Naturliebhaber und Jäger, der in seiner spärlichen Freizeit noch einen Forstbetrieb leitet, angetan. Sein Vater hatte ihn bereits als Kind mit auf die Jagd genommen und ihm dadurch die Achtung vor der Natur vermittelt. »Wenn ich es recht bedenke, war ich schon grün, bevor es die Grünen gab«, sagt Carl-Jürgen Brandt mit einem Schmunzeln. Noch heute hält er sich am liebsten draußen auf, bei Wind und Wetter und am liebsten frühmorgens, wenn die Natur erwacht. Das ist für ihn zugleich die beste Form der Erholung, sobald er in seinem Wald ist oder auf die Jagd geht, kann er abschalten. Ansonsten ist er in Gedanken immer bei seinem Unternehmen, auch da ist sein Vater sein Vorbild. »Bei uns zu Hause wurde immer über Zwieback gesprochen, wir haben mit dem Unternehmen gelebt.« Für ihn ist das nicht anders. »Man kann doch nur neue Ideen entwickeln, wenn man sich immer mit dem Thema beschäftigt«, findet Carl-Jürgen Brandt. »Es gibt so viele Ecken, an denen man etwas optimieren oder neu ausprobieren kann.«

Neben dem Unternehmen und der Natur interessiert der Unternehmer sich besonders für die Kultur in Hagen, sie ist ein Pfund, mit dem Hagen wuchern könnte. »Hagen war vor 100 Jahren eine reiche Stadt, und wo Geld ist, da lassen sich Künstler nieder.« Die Jugendstilbauten sind beredte Zeugen jener Zeit, aber nicht nur sie, auch kleine Bürgerhäuser vermitteln einen Eindruck davon, dass es den Menschen in Hagen im 19. Jahrhundert gut ging und sie Wert darauf legten, in einem ansprechenden Umfeld zu leben. Eines dieser Häuser ist das *Haus Stennert*, die ehemalige, 200 Jahre alte Poststation, in der das Zwiebackmuseum und ein kleiner Werksverkauf der Brandt Firmen untergebracht sind und in dem Carl und Betty Brandt, die Eltern von Carl-Jürgen Brandt, einige Monate gelebt haben, nachdem sie im Zweiten Weltkrieg ausgebombt waren.

ZWIEBACK MUSEUM UND WERKSVERKAUF
HAUS STENNERT
ENNEPER STRASSE 3
58135 HAGEN
WWW.BRANDT-ZWIEBACK.DE

7 Grande Dame der Politik mit Biss und Herz

Liselotte Funcke förderte den Eugen-Richter-Turm

Einem Namen begegnet man in Hagen überall: Funcke, ob das die Funckestraße, der Funckepark oder die Funckeparkschule ist. Wann immer das Gespräch auf die Familie kommt, liegt – bei alteingesessenen wie zugezogenen Hagenern – eine leise Ehrfurcht in der Stimme, hat doch so mancher noch mit »unserer« Liselotte beim Kaffee gesessen. Die Funckes gehörten eben zu den einflussreichen Industriellenfamilien der Stadt.

In diesem Umfeld wurde Liselotte Funcke am 20. Juli 1918 geboren. Ihr Urgroßvater hatte die Schraubenfabrik und Gesenkschmiede *Funcke & Hueck* gegründet, in der sie nach ihrem BWL-Studium als Prokuristin tätig war. Sie trat jedoch nicht nur in die Fußstapfen ihres Urgroßvaters, sondern eiferte ab 1946 in und für die FDP politisch ihrem Vater nach, der Mitglied des ersten deutschen Bundestages war.

Trotz manchen Disputs blieb Liselotte Funcke ihrer Partei treu, wie sie ohnehin bei allem Interesse an Neuem die Kontinuität liebte, was sich gerade daran zeigt, dass sie bis zu ihrem Tod ihrer Heimatstadt Hagen tief verbunden blieb. Das dokumentieren einige Bücher, in denen sie die Geschichten von Hagener Besonderheiten wie den Straßennamen und Einzelhandelsfamilien nachspürte und dafür sorgte, dass ihr Wissen aus über 90 Jahren Stadterleben nicht untergeht. Ihr Herz hing an den Kindern ebenso wie an den liberalen Ideen, weshalb sie sich für den Erhalt des *Eugen-Richter-Turms* stark machte, mit dem ihre politischen Vorbilder 1910 einem ihrer Großen ein Denkmal setzten. Ein Engagement, das über den Tod hinaus spürbar ist, wenn man auf dem Drei-Türme-Weg Station macht.

EUGEN-RICHTER-TURM
58089 HAGEN

8 Rund um die Uhr für Hagen im Einsatz

Erik O. Schulz tankt Ruhe auf dem Friedhof Delstern

Als Erik O. Schulz Ende 2013 mit Familie und Freunden auf das neue Jahr anstieß, wusste er nicht, dass im nächsten Jahr sein Leben komplett umgekrempelt werden würde. Dabei hätte er es ahnen können, hatten doch bereits 30 Jahre zuvor seine Freunde bei einem Spiel auf die Frage: »Wer hier am Tisch könnte einmal Bürgermeister werden?« auf ihn geschaut.

Birgit Ebbert: Was bedeutet es Ihnen, Oberbürgermeister von Hagen zu sein?

Erik O. Schulz: Oberbürgermeister von Hagen zu sein, ist für mich der schönste Beruf, den ich mir denken kann. Ich finde, Hagen ist eine tolle Stadt, und freue mich, an ihrer Entwicklung mitwirken zu können.

Wie kam es dazu, dass Ihre Freunde sich einig waren, dass Sie der geeignete Bürgermeister wären?

Ich vermute, dass es daran lag, dass ich immer schon dort war, wo ich etwas gestalten konnte. In der ersten Klasse der Grundschule Delstern war ich Klassensprecher, am Fichte-Gymnasium Schulsprecher und Redakteur bei der Schülerzeitung.

Welche Persönlichkeitsmerkmale sind besonders wichtig für einen Oberbürgermeister?

Man muss auf Leute zugehen können, ein offenes Ohr haben und sicher auch Spaß daran, im Mittelpunkt zu stehen.

Das ist für die Familie sicher nicht leicht, oder?

Natürlich hat sich durch die Wahl das Leben in meiner Familie grundlegend geändert. Aber wir haben die Entscheidung gemeinsam getroffen, sonst wäre das Pensum nicht zu leisten.

Was hat sich konkret in Ihrem Alltag geändert?

Ich versuche, so viele Gewohnheiten wie möglich beizubehalten. Die größte Veränderung erlebt meine Frau, weil ich kaum zu Hause bin, und eine gemeinsame Freizeitgestaltung jenseits politischer Pflichten schwer ist. Wir versuchen das dadurch zu kompensieren, dass sie

Erik O. Schulz' Arbeitsplatz im Rathaus befindet sich unweit des Rathausturmes

mich zu Terminen begleitet, und wir dabei etwas gemeinsam erleben.

Wie hat Ihr sonstiges Umfeld darauf reagiert, dass Sie der Erste Bürger der Stadt sind?

Die haben sich gefreut und fanden es gut, dass ich den Schritt gegangen bin.

Der ja nicht leicht war.

Stimmt. Ich hätte bereits gerne 2008 für die SPD kandidiert, aber die Mehrheit der Partei hatte sich anders entschieden. Bekanntlich hat die SPD diese Wahl verloren. Die SPD-Führung hatte mir auch danach deutliche Signale gegeben, dass sie auf meine Mitarbeit keinen Wert legt. Ich bin Anfang 2014 ausgetreten und habe als Parteiloser mit Unterstützung von CDU, FDP und Grünen kandidiert. Ich war davon überzeugt, für die Hagener ist letztlich nicht das Parteibuch entscheidend, sondern das Engagement für die Menschen in Hagen.

Woher wissen Sie, was die Menschen wollen und brauchen?

Hagen ist meine Heimatstadt, ich bin hier sehr verwurzelt, auch wenn meine Eltern zugezogen sind. Mein Vater ist aus der DDR geflohen, meine Mutter kam als Flüchtlingskind aus dem Osten. Die beiden haben sich in Hagen ein neues Leben aufgebaut. Nicht immer einfach, ich bin in einem Acht-Familien-Haus ohne Zentralheizung aufgewachsen. Ein Telefon bekamen wir erst, als ich 14 war. Ich war in Hagen im Kindergarten und in der Schule, im Sportverein, in der Jugendgruppe, habe hier meinen Zivildienst abgeleistet und immer in Hagen gearbeitet. Da lernt man viele Leute kennen. Und ich bin schon im Wahlkampf offensiv auf Leute zugegangen und arbeite mich jetzt in Bereiche ein, die mir bis heute unbekannt waren.

Was zum Beispiel haben Sie neu kennengelernt?

Karneval. Ich war nicht der geborene Karnevalsjeck, aber das Brauchtum gehört zur Stadt, und als Oberbürgermeister will ich über Jahrzehnte gepflegte Traditionen gern fortführen. Hier wie auch überall sonst begegnen mir aufgeschlossene Menschen, die ich bisher nicht kannte. Überhaupt bin ich immer wieder überrascht, welche Menschen in Hagen im Verborgenen wirken und interessante Ideen haben.

Welcher Ort in Hagen ist für Sie jenseits von Rathaus und Zuhause bedeutsam?

Das mag sich merkwürdig anhören, aber das ist der Friedhof in Delstern, dort wurde mein verstorbener Bruder beerdigt, und ich bin in der Nähe aufgewachsen. Unsere Grundschule lag direkt neben dem Friedhof, der für uns so eine Art Abenteuerspielplatz war. Wenn wir um 15.00 Uhr unsere Hausaufgaben fertig hatten, trafen wir uns auf der Straße und fuhren mit den Fahrrädern zum Friedhof. Manchmal sind wir nur von Grab zu Grab gegangen, haben die Grabsteine entziffert oder ausgerechnet, wie alt die Menschen geworden sind. Aber wir haben natürlich auch manches angestellt, welches Kind hat das nicht? Wenn wir sonst keine Idee hatten, haben wir auf der Brücke über dem Zugang zum Friedhof gewartet, um die Passanten mit kleinen Zweigen zu bewerfen. Zumindest bis zu jenem Tag, als uns ein sportlicher Besucher der Trauerfeier erfolgreich nachstellte. Heute sieht man dort keine Kinder mehr, umso leichter ist es für mich, dort Abstand zu gewinnen, Kraft zu tanken und Themen aus einer neuen Perspektive zu betrachten.

FRIEDHOF DELSTERN
AM BERGHANG 30
58093 HAGEN
WWW.FRIEDHOFSVERWALTUNG-HAGEN.DE

9 Mit weitem Blick aufs Gestern und Morgen

Fürstenpaar zu Bentheim-Tecklenburg auf Schloss Hohenlimburg

Wer den verschlungenen Weg zum Schloss Hohenlimburg hinauffährt und zu Fuß die letzten Schritte bis zum alten Eingangsportal schafft, wird mit einer traumhaften Aussicht belohnt. Über den Barockgarten hinweg, in dem sich bei schönem Wetter wunderbar entspannen lässt, schaut man auf Hohenlimburg, den geschichtsträchtigen Ort, dessen Eigenständigkeit viele noch heute nachtrauern. Aber wer weiß, was noch kommt.

Fürst Maximilian zu Bentheim-Tecklenburg, der mit seiner Frau Marissa den Familienbesitz Schloss Hohenlimburg verwaltet, meint: »In den letzten Jahrhunderten ist so viel geschehen und es hat sich so viel geändert, da darf man nicht alles aus dem Augenblick heraus sehen.« Wer auf eine so wechselvolle Familiengeschichte zurückblickt wie er, hat gelernt, in anderen Zeiträumen zu denken und abzuwarten, aber auch in die Zukunft zu sehen.

»Wir lernen von klein auf, soziale Verantwortung zu übernehmen«, beschreibt Fürstin Marissa zu Bentheim-Tecklenburg, deren britische Familie noch älter ist als die ihres Mannes, das Besondere der Erziehung in einem aristokratischen Umfeld. »Wir werden angehalten, darüber nachzudenken, wie wir die Gemeinschaft und die Gesellschaft unterstützen können. Das sehen wir bei unseren Eltern, und wir leben es unseren Kindern vor.« So hat auch in der Fürstenfamilie jeder seine Ämter und Aufgaben. Die Fürstin ist ehrenamtliche Vorsitzende des Deutschen Roten Kreuzes an ihrem Wohnort in Rheda, als solche hat sie die Verantwortung über 100 angestellte und ehrenamtliche Mitarbeiterinnen und Mitarbeiter und verschiedene Einrichtungen vom Kindergarten bis zum Seniorenheim. Aber auch der Kunsthalle Bielefeld fühlt sie sich verpflichtet, den Institutionen, die ihre vier Kinder besuchen, und vielen Vereinen und Initiativen darüber hinaus. Nahezu jeder, der bei ihr anfragt, erhält Unterstützung in irgendeiner Form. Fürst Maximilian kümmert sich um den Wirtschaftsbetrieb, der mit dem Besitz einhergeht, und in dem Schlösser, Wälder und andere Liegenschaften verwaltet werden, aber er hat auch einige Kirchenpa-

Blick über den Barockgarten von Schloss Hohenlimburg

tronate und ist dort ehrenamtlich immer wieder gefordert. Gemeinsam kümmern sie sich um Schloss Hohenlimburg, das von einer gemeinnützigen GmbH verwaltet wird, dessen Hauptgesellschafter das Fürstenhaus ist. Fürstin Marissa sorgt als Geschäftsführerin dafür, mit eigenen Veranstaltungen sowie Vermietungen für Hochzeiten und andere Events, wie 2015 den Dreharbeiten für den Film *Vampirschwestern 3*, die Weiterführung des Schlossbetriebs während des Umbaus zu sichern. »Gerade Hochzeiten hier oben sind sehr beliebt.« Fürst Maximilian berichtet von Anfragen aus ganz Nordrhein-Westfalen und darüber hinaus. Man kann es den Brautpaaren von nah und fern nicht verdenken, dass sie ihr Ja-Wort in dieser Märchenkulisse geben möchten. Wer durch das Jahrhunderte alte Tor geht, fühlt sich in eine andere Zeit versetzt, in eine Zeit, als das Wünschen noch geholfen hat, und fast kann man die Ritter, Fürsten und Prinzessinnen erahnen, die hier vor 100, 200 oder mehr Jahren gelebt und gefeiert haben.

»Mein Vorfahr Fürst Emil Friedrich I. hat noch hier auf dem Schloss gewohnt.« Das weiß Fürst Maximilian nicht nur aus der Familienchronik, sondern auch aus der Biografie des Hagener Komponisten Karl Halle, dessen Vater vor 200 Jahren mit Fürst Emil befreundet war und so manchen Krug mit ihm in der örtlichen Wirtschaft geleert hat. Fürst Maximilian lacht. »Ein Vorfall ist überliefert, der ist irgendwie ein bisschen typisch für die Hagener. Mein Vorfahr und der Vater von Karl Halle haben gemeinsam getrunken, und dabei ist es hoch hergegangen. In seinen Memoiren erwähnt Vater Halle allerdings nur die Ausschweifungen von Fürst Emil und verschweigt seinen eigenen Anteil.« Aber das ist lange her. Der Fürst mag Hagen, die Hagener und die Hohenlimburger und fühlt sich halb Hohenlimburg und halb Rheda zugehörig. »Im Moment verbringe ich sogar deutlich mehr Zeit in Hagen als in Rheda. Seit hier gebaut wird, gibt es ständig etwas zu tun. Wir sind dabei, neue Strukturen zu schaffen und den Betrieb des Schlosses auf neue finanzielle Beine zu stellen.« Er schaut nachdenklich. »Die Instandhaltung eines solchen Gebäudes gibt es nicht zum Nulltarif, auch wenn wir vom Land und aus Stiftungen gelegentlich Zuschüsse erhalten.« Und es sind ja nicht nur die Gebäude zu erhalten, sondern auch die Gärten und Wälder um das Schloss herum, in denen jeder spazieren gehen darf, die aber vom Besitzer ständig gepflegt werden müssen. Das ist eben auch soziale Verantwortung, die auf den ersten Blick gar nicht so sichtbar ist. Fürst sein bedeutet also keinesfalls, im Park zu sitzen und dem Gras beim Wachsen zuzusehen. Stattdessen heißt es wie in jedem Betrieb, neue Konzepte und Projekte zu entwickeln, vergangene Aktionen auszuwerten und zu prüfen, was optimiert werden kann und wovon man sich vielleicht auch trennen muss.

»Ein Highlight hier ist natürlich der romantische Weihnachtsmarkt, das kann man sich ja vorstellen, oder auch das Mittelalterspektakel«, berichtet Fürstin Marissa. Aber auch die Lichtspiele sind ein Publikumsmagnet, und im Herbst 2015 soll ein Halloween-Spektakel Besucher anziehen. Daneben gibt es die Festivals anderer Veranstalter wie die Schlossspiele. Sie werden zwar nicht unter der Federführung der Fürstin durchgeführt, wollen aber doch begleitet werden, schließlich prägen sie das Bild des Schlosses genauso wie eigene Events. Fürstin Marissa schmunzelt. »Am beliebtesten und bekanntesten aber ist die *Schwarze Hand*, eine mumifizierte Hand, die in den Trümmern des Bergfrieds gefunden wurde. Jeder Hohenlimburger hat sie schon gesehen, der Besuch des Schlossmuseums war ein Pflichtprogramm für die Schulen hier.« Während der Restaurierungsarbeiten ist die *Schwarze Hand*, um die sich so manche Sage rankt, nicht zu sehen. Aber der Mythos bleibt erhalten, und vermutlich wird ein Run auf die Ausstellung ausbrechen, sobald sie

Bei den Lichtspielen erstrahlt Schloss Hohenlimburg in bunten Farben

wieder geöffnet wird. Doch bis dahin gibt es viel zu tun und zu erklären. »Uns ist wichtig, dass die Hohenlimburger und Hagener verstehen, was wir tun, auch wenn sie es nicht immer gutheißen und ich mir oft harte Worte anhören muss«, erklärt Fürst Maximilian und denkt dabei an die aktuelle Diskussion um die Windräder, die er auf seinem Grund aufstellen lassen möchte. »Stellen Sie sich vor, Sturm Kyrill hat im Januar 2007 eine Fläche in der Größe von 420 Fußballfeldern allein in unseren Wäldern vernichtet.« Da ist es nicht verwunderlich, wenn er nach neuen Möglichkeiten sucht, seine Waldflächen zu nutzen. »Natürlich ist die finanzielle Seite nicht unwichtig«, gibt der Fürst zu. »Aber da sind wir wieder bei dem Blick über die Zeit hinaus. Ich finde natürlich erzeugte Energie wichtig und ich habe den Platz dafür, Windräder aufstellen zu lassen. Also tue ich das auch.«

Ein wenig ärgert ihn die Diskussion darüber schon. Alle wollen natürliche Energie, aber sobald sie in der Nähe erzeugt wird, sind sie dagegen. »Soziale Verantwortung heißt eben, über sich hinaus zu denken und eigene Bedürfnisse auch mal zurückzustellen.« Trotz mancher Widersprüche und Diskussionen ist dem Fürstenpaar wichtig, dass die Hohenlimburger und Hagener das Schloss als Teil ihrer Identität verstehen. Deshalb nutzen sie jede Gelegenheit, mit ihnen im Gespräch zu bleiben und, wo möglich, auf ihre Bedürfnisse einzugehen. Das ist nicht immer leicht, weil die Verwaltung des Schlosses und des Schlossmuseums lange in der Regie der Stadt Hagen erfolgte, als es der Stadt noch gut ging und man den Bürgern die eine oder andere Vergünstigung zukommen lassen konnte. »Heute wird das Schloss von einer Gesellschaft betrieben, die zwar keine Gewinne erzielen muss, sich aber tragen sollte.« Da kann eben nicht mehr jede Bitte erfüllt werden, und es muss wie bei anderen Schlössern ein geringer Beitrag für das Betreten des Geländes erhoben werden. »Wieder sind wir bei der Frage der Perspektive«, sagt Fürst Maximilian. »Wenn man sich anschaut, was Hohenlimburg in den letzten Jahrhunderten erlebt hat und wie viele Höhen und Tiefen meine Familie überwunden hat, kann man optimistisch bleiben und zuversichtlich, dass auch die Hagener, die Hohenlimburger, das Schloss, Hohenlimburg und Hagen irgendwann gelassen auf die heutige Zeit zurückblicken werden.« Bis dahin hilft ein Blick vom Schlossvorplatz, um sich die Weite von Raum und Zeit in Erinnerung zu rufen.

SCHLOSS HOHENLIMBURG
DIE WESTFÄLISCHE HÖHENBURG
ALTER SCHLOSSWEG 30
58119 HAGEN
WWW.SCHLOSS-HOHENLIMBURG.DE

10 Auf dem virtuellen Campus im Grünen

Helmut Hoyer lenkt das Geschick der FernUniversität in Hagen

Fragt man außerhalb Hagens, was Menschen zu der Stadt einfällt, lautet die erste Antwort oft: die *FernUniversität*. Kein Wunder, immerhin haben in den letzten 20 Jahren mehr als 500.000 Menschen an der einzigen staatlichen Fernuniversität Deutschlands studiert.

»Die *FernUniversität* ist der wichtigste Werbeträger für Hagen und der zweitgrößte Arbeitgeber. Bei uns sind 1.800 Menschen tätig, die nach Hagen oder in die Region ziehen und das Leben hier mitgestalten«, berichtet Professor Dr.-Ing. Hoyer, der selbst einer von ihnen ist. Als er 1979 seine erste Lehrtätigkeit an der *FernUniversität* in Hagen übernahm, zog er in den Süden der Stadt, wo er auch während seiner Jahre an der Universität Dortmund wohnen blieb. »Ich fühle mich wohl in Dahl, das ist ein kleiner Ort für sich, mit netten Menschen und viel Grün, von dessen Bahnhof man mit der Volmetal-Bahn schnell am Hauptbahnhof ist.«

Da ist es nicht verwunderlich, dass er 1988 als Professor für Prozesssteuerung und Regelungstechnik zurück an die *FernUniversität* kam, um Studierenden sein Schwerpunktthema nahezubringen. Er selbst hat sein Interesse daran bereits als Schüler entdeckt. »Damals jobbte ich in der chemischen Industrie und fand es spannend, welche Steuer- und Regelungstechniken dabei zum Tragen kamen.« Um mehr darüber zu erfahren, entschied er sich für das Studium der Elektrotechnik in Karlsruhe, einer Stadt, die stark von der Universität geprägt wurde, woran er sich gerne erinnert. Vielleicht hat es ihn auch dazu bewogen, in seiner Zeit als Rektor der *FernUniversität* den Kontakt zur Hagener Bevölkerung zu intensivieren, um den Campus zu beleben. Denn anders als in Karlsruhe, sind auf dem Hagener Campus kaum Studenten zu finden. Stattdessen kommen jedoch interessierte Bürger zu den vielen Veranstaltungen von Lesungen über Vorträge und Ausstellungen, die neuerdings unter dem Dach des Hagener Forschungsdialogs angeboten werden. Das ist einzigartig wie die ganze Einrichtung, der Zusatz *Stadt der FernUniversität* auf dem Ortsschild zeigt, dass dies inzwischen auch bei den Hagenern angekommen ist.

Auf dem Campus im Grünen gibt es viele Gelegenheiten für Besucher zu verweilen

Das war nicht immer so, weiß Professor Helmut Hoyer, der seit 1997 die Geschicke der Hochschule als Rektor lenkt und viel dafür getan hat, dass die *FernUniversität* bürgernah wird. »Es hat einige Zeit gedauert, bis man in Hagen erkannt hat, welche Bedeutung die *FernUniversität* für die Stadt hat.« Als Mitte der 70er-Jahre die Landesregierung in Düsseldorf die Entscheidung traf, die *FernUniversität* in Hagen anzusiedeln, waren viele Hagener skeptisch. Vielen war damals noch nicht klar, welche Einschnitte der Rückgang der Industrie bringen würde. »Die *FernUniversität* war eine wichtige Säule, um den Strukturwandel abzufedern«, erinnert sich Professor Hoyer, der die Anfänge der *FernUniversität* miterlebt hat. »Damals wurden die Übungen zu den Studienbriefen noch per Post eingesandt, handschriftlich korrigiert und zurückgeschickt. Wir brauchten eine ungeheure Logistik.« Eine Arbeitsweise, die heute mit fast 77.000 Studierenden kaum vorstellbar ist. Dank der modernen Kommunikationsmedien lässt sich das Studium viel leichter und schneller organisieren. Aber auch darüber hinaus hat der digitale Fortschritt der *FernUniversität* zu einem enormen Entwicklungsschub verholfen. »Die neuen Medien eröffnen vielfältige Möglichkeiten, den Stoff zu vermitteln, um die Lernprozesse themenbezogen und abwechslungsreich zu gestalten«, beschreibt Professor Hoyer den grundlegenden Wandel und die Chance, die Informationstechnologien seiner Hochschule beschert haben. Auch die Versorgung mit Informationen ist leichter und umfangreicher geworden, Datenbanken und Lizenzen nehmen im Etat der Bibliothek heute einen größeren Raum ein als gedruckte Bücher. Schließlich hat sich eben die Kommunikation grundlegend geändert, Lehrende und Lernende können sich leichter austauschen durch Newsgroups, E-Mails, Chats, Videokonferenzen und virtuelle Seminare.

Die *FernUniversität* entwickelt sich auch hier immer weiter und ist für andere Hochschulen inzwischen eine wichtige Gesprächspartnerin. Professor Hoyer schmunzelt. »Wir haben in der ganzen Welt Partner, es kommt vor, dass ich in der einen Woche in Österreich bin und in der nächsten in St. Petersburg.« Trotzdem hat er immer ein offenes Ohr für die Belange der Hochschulangehörigen und auch noch den eigenen Lehrstuhl. »Aber das ist das Schöne an einer Fernuniversität. Nicht nur die Studierenden sind flexibel. Auch die Professorinnen und Professoren können Lehre und Forschungsaktivitäten, so zum Beispiel ihre Teilnahme an Konferenzen, gut aufeinander abstimmen. Sie wissen das zu schätzen. Unabhängig davon macht es sich heute gut, wenn in der Vita die *FernUniversität* steht – ob das als Alma Mater oder als Arbeitgeber ist. Gerade Sportler oder Politiker, die begleitend zu ihrem Beruf von zu Hause in Hagen studiert haben, weisen gerne darauf hin – und sorgen dafür, dass Hagen in die Welt getragen wird, von einem Campus aus, der jedem offensteht – im wörtlichen wie im übertragenen Sinn.«

FERNUNIVERSITÄT IN HAGEN
UNIVERSITÄTSSTRASSE 47
58097 HAGEN
WWW.FERNUNI-HAGEN.DE

11 Auf seiner Bühne scheint alles möglich

Farid zauberte sich in die Welt aus der Eventhalle Tor 2

Wenn Farid durch Hagen geht, freut er sich, dass er entspannt die Beschaulichkeit genießen kann im Vergleich zu den Orten, an denen er sich sonst aufhält. Zwischen seiner Heimatstadt Hagen und seinem Zweitwohnsitz in Berlin pendelt er ohnehin ständig hin und her, aber auch Abstecher nach Dubai oder Las Vegas sind für ihn keine Seltenheit.

»In Hagen gehöre ich einfach dazu, da bin ich nichts Besonderes«, erklärt er sich, dass ihn die Hagener nicht ständig ansprechen und um eine Straßenzauberei bitten. »Darüber bin ich froh. In Frankfurt oder Berlin passiert es mir immer wieder, dass ich aufgefordert werde, etwas zu zaubern.« Wundern tut ihn das nicht, hat er doch 2009 für seine Fernsehsendung *Street Magic mit Farid* in den Straßen Menschen mit Illusionen verblüfft.

Farid ist einer der bekanntesten Magier und Illusionisten weltweit. Die Bezeichnung Zauberer hört er nicht so gerne für seine Kunst der Unterhaltung. Sie reduziert Magie zu sehr auf eine Manege. »Als ich begonnen habe, meinen Verwandten etwas vorzuzaubern, haben sie mich für verrückt erklärt.« Erst recht, als er ihnen erklärte, dass er Zauberer werden wolle. Dabei wussten sie nicht, dass er sich außerdem vorgenommen hatte, in einer eigenen Fernsehsendung aufzutreten. Was sie dazu wohl gesagt hätten? Ob es sie überzeugt hätte, dass er damit nur Geld verdienen wollte, um neue Illusionen zu verwirklichen? Heute ist klar, dass er beide Ziele erreicht hat. »Mit viel, viel Glück«, wie er betont. Aber auch mit viel Arbeit und Disziplin.

Angesteckt mit dem magischen Virus wurde Farid von seinem persischen Großvater, als er vor der Einschulung eine Weile mit seinen Eltern in Teheran lebte. Dem Großvater gelang es, vor Farids Augen eine Münze scheinbar in Luft aufzulösen. Dieses Erlebnis ließ ihn nicht los. »Heute weiß ich, dass mein Großvater nur zwei Tricks beherrschte«, verrät er mit einem Schmunzeln. »Aber damals war er für mich ein Held.«

Als er zehn Jahre alt war, begegnete ihm der nächste magische Held: David Copperfield. Damals noch auf dem Fernsehbildschirm,

In der Stadtbücherei fand Farid die ersten Zauberbücher

inzwischen hat er sein Vorbild auch persönlich getroffen. Doch als Zehnjähriger musste er sich mit dessen Auftritten im Fernsehen begnügen. Um diese wiederholt anzusehen, zeichnete er sie mit dem elterlichen Videorekorder auf und ließ die Szenen ständig vor- und zurücklaufen, um hinter das Geheimnis der Tricks zu kommen. Die Magie hatte ihn endgültig in ihren Bann geschlagen. Und sie führte eine gute Portion Glück im Gepäck, denn seine Eltern hatten die Idee, ihr Hagener Leben für einige Zeit gegen ein Leben in Wien zu tauschen. Damit verfrachteten sie ihren Sohn ins Paradies für Zauberfans. Dort gab es nicht nur die üblichen Zauberkästen und die Zauberbücher aus der Stadtbücherei, mit denen er sich einfache Tricks beigebracht hatte. In Wien gab es richtige Geschäfte für Zauberzubehör, die sicher jedes Kinderherz höher schlagen ließen, für Farid aber zugleich der Zugang zu seiner Traumwelt waren. Es dauerte nicht lange, und er hatte bereits seinen ersten bezahlten Auftritt.

Der erste Schritt zu seinem Berufswunsch war gemacht. Allerdings ging es nicht so weiter, denn die Familie zog zurück nach Hagen, wo Farid in die Oberstufe der Gesamtschule Eilpe wechselte, die er mit dem Abitur abschloss. Aber was macht jemand nach dem Abitur, der Zauberer werden möchte? Einen Studiengang gibt es dafür nicht. Farid hat einfach gezaubert, und dann meldete sich *Pro 7* und fragte ihn, ob er am Magier-Wettbewerb *The Next Uri Geller* teilnehmen würde. Als Finalist wurde er über Nacht einem breiten Publikum auch außerhalb Deutschlands bekannt und bekam die nötigen Kontakte für eine eigene Fernsehshow. Damit hatte er gleich zwei Lebensziele auf einmal erreicht: Er war Zauberer von Beruf, und er trat in seiner eigenen Fernsehsendung auf. Was mag es für ein Gefühl sein, wenn sich mit 28 Jahren bereits die beiden größten Lebensträume erfüllt haben? »Ich habe festgestellt, dass ich zu klein gedacht habe. Ich habe nur an das gedacht, was ich kannte: an einen Zauberer, der mit mehr oder weniger aufwendigen Illusionen Menschen verblüfft. Und eine Fernsehshow wie David Copperfield.« Er hat gelernt, größer zu denken. Heute hat er eine Botschaft, die er mit seinen Shows vermitteln möchte. Noch immer steht die gute Unterhaltung im Mittelpunkt, aber die ist selbstverständlich geworden. Und noch immer möchte er, dass die Zuschauer wieder zum Kind werden und ihre Alltagsprobleme für einige Zeit vergessen. Aber ebenso wichtig ist ihm, dass die Menschen verstehen, was er ihnen zeigen möchte: Alles ist möglich, egal was man sich vorstellt. »Wir müssen im Kopf umschalten von *Impossible* auf *I'm possible*!«.

Wer ihn auf der Bühne erlebt hat, der weiß, dass das keine leere Floskel ist, die einem ein wohlmeinender Lehrer mit einem Schulterklopfen zuraunt. Farid lebt diesen Gedanken. Da taucht das Auto einer Zuschauerin mitten auf der Bühne auf, das Team von Phoenix Hagen materialisiert sich in einem leeren Pavillon, und Farid fängt Paintballkugeln mit dem Mund auf als wären es Nüsse oder Kirschen.

Selbst im Gespräch verblüfft er. »Für mich ist es ein unheimliches Glück, dass ich heute keinen Job mehr habe«, sagt er und hat seine Freude daran, wenn das Gegenüber irritiert, verblüfft und verwundert aussieht. Dabei ist die Erklärung so einfach. »Wenn man etwas tut, was man liebt, hat man keinen Job, sondern tut, was man gerne macht.«

Farid zaubert nun einmal gerne. Allerdings muss er deswegen nicht in jeder Minute einen Trick vorführen. So wie ein Schreiner nicht in jeder Minute an einem Stuhl, Tisch oder Schrank werkeln muss, um glücklich zu sein, muss auch Farid nicht ständig Illusionen schaffen, damit er zufrieden ist. »Das verstehen manche nicht, sie fragen in einer Disco, ob ich mal eben etwas zaubern könnte. Wenn ich für den einen zaubere, muss ich es auch für den anderen, und ein Teufelskreis entsteht.« Würde er sich darauf einlassen, käme er nicht zum Entspannen,

Das Abitur machte Farid an der Gesamtschule Eilpe

und das Publikum käme irgendwann nicht mehr in seine Shows, weil sie ihn überall zaubern sähen. Deshalb dosiert er seine Kräfte sorgfältig. Auch das Argument, er müsse doch sicher den Trick ständig wiederholen, um sich zu trainieren, zählt bei ihm nicht. Der Erfolg einer Illusion ist natürlich abhängig von der Fingerfertigkeit, aber die hat er nun über 20 Jahre geschult, auf die kann er sich verlassen. Und die Fähigkeit, Menschen mit Magie zu fesseln, ist eine Gabe, die er nicht abstellen kann. Sie ist einfach da. »Man braucht nicht einmal die Sprache dafür«, erzählt er. »Deshalb kann ich auf der ganzen Welt auftreten. Ich könnte in Afrika abgeworfen werden und dort mit Sand und Blättern etwas bauen, um den Leuten Freude zu bereiten.« Manchmal hilft natürlich Sprache dabei, das Publikum in die Irre zu führen, das gibt er zu, und da greift er bei Auftritten außerhalb des deutschsprachigen Raums auf Englisch und Spanisch zurück. Aber oft reicht auch schon eine Musik, die die Zuschauer mitnimmt, um eine seiner undurchschaubaren Illusionen zu realisieren.

Was kann jemanden, der an den spannendsten Orten der Welt gewesen ist, in der Wiener Staatsoper auftrat und gerade vom Besuch bei einem Prinzen in Dubai kam, an Hagen reizen, fragt man sich automatisch. »Hier ist mein Zuhause, hier leben meine Eltern und meine Freunde. Ich habe zwar noch immer keine Zufahrt von der Autobahn gefunden, die mir gut gefällt, aber egal woher ich komme und wie stressig es war, etwa 40 Kilometer vor Hagen spüre ich, dass ich innerlich auf Autopilot schalte und runterkomme.« Und hier hat Anfang des Jahrhunderts auch alles angefangen. Während er beim Lebensziel zu klein gedacht hat, waren seine Vorstellungen damals noch zu groß. Vermutlich das letzte Mal in seinem Leben. Weil er nach den Auftrittserfahrungen in Wien begierig war, seine Magie einem größeren Publikum vorzuführen, mietete er mit einem Freund für einen Abend das *Tor 2*. Damals eine in Hagen angesagte Location für Veranstaltungen, in der auch viele bekannte Comedians ihre ersten Auftritte hatten. Gäbe es in der Halle der historischen Gießerei heute noch Veranstaltungen, wäre sie sicher zu klein, um alle Besucher zu fassen, die Farid sehen wollten. Beim ersten Auftritt waren es vielleicht 20, vielleicht 30. Zum Zählen der Zuschauer kam Farid nicht, weil er seine Magie entwickelt und erst nachher seine Enttäuschung verarbeitet hat. Das ist ihm gut gelungen, sonst würde er heute nicht die ganze Welt bezaubern.

GALERIE TOR 2
EHEMALIGE VERANSTALTUNGSLOCATION IN EINER HISTORISCHEN GIESSEREI
EILPER STRASSE 89
58091 HAGEN
WWW.FARID.TV

12

Auf den Spuren der Technikgeschichte

Uwe Beckmann leitet das Freilichtmuseum Hagen

»Wer im Ruhrgebiet aufwächst, begegnet automatisch Industriegeschichte«, erklärt Dr. Uwe Beckmann sein Interesse an Technikgeschichte. Als er vor der Wahl stand, was er an der Ruhr-Universität studieren sollte, war es dann neben Romanistik und Kunst auch Geschichte. Zumal es zu jener Zeit in Bochum den ersten Lehrstuhl für Wirtschafts- und Technikgeschichte gab. »Ich wollte immer in einem Museum arbeiten«, verrät er.

Ein hehres Ziel, waren doch die Museen der Technikgeschichte in den 80er-Jahren rar gesät. Aber eines gab es in der Nachbarschaft, dort hat er sich nach einem Forschungsstipendium am Deutschen Museum in München und Abschluss seines Promotionsstudiums beworben. Seit dem 2. Januar 1989 geht er nun täglich durch das Westfälische Landesmuseum für Handwerk und Technik. Als Volontär staunte er über das wahre Leben jenseits des Wissenschaftsbetriebs, heute meistert er als Museumsleiter selbst knifflige Herausforderungen. »Das Schlimmste für mich war der Stromausfall während eines Weihnachtsmarktes.« Bei der Vorstellung, dass 22.000 Besucher beinahe im Dunkeln durch sein Museum geirrt wären, wird ihm noch heute ganz anders. Aber das Problem wurde dank guter Mitarbeiter und bester Vernetzung gelöst.

»Der Weihnachtsmarkt ist eine von vielen Attraktionen hier«, erklärt er und schwärmt von den zahlreichen Vorführbetrieben, Ausstellungen und Workshops, die das inhaltliche Profil des Museums bestimmen. »Es ist immer schön zu erleben, wenn die Besucher begeistert durch das Museum gehen«, findet er und wirkt, als hätte er die Entscheidung für das Landesmuseum für Handwerk und Technik nicht einen Tag bereut.

LWL-FREILICHTMUSEUM HAGEN
WESTFÄLISCHES LANDESMUSEUM FÜR
HANDWERK UND TECHNIK
MÄCKINGERBACH
58091 HAGEN
WWW.LWL-FREILICHTMUSEUM-HAGEN.DE

THEA

13 Auf den Brettern, die die Welt bedeuten

Dario Weberg und Indra Janorschke im Theater an der Volme

Wer sich in Hagen ein gemütliches Theatererlebnis gönnen möchte, kommt seit September 2011 an Dario Weberg und Indra Janorschke nicht mehr vorbei. Nahezu jeden Abend sorgen sie im *Theater an der Volme* für gute Laune, anregende Gespräche und eine Auszeit aus dem Alltag. Beide haben bereits in ihrer Kindheit die ersten Versuche auf die Bretter gewagt, die die Welt bedeuten, zum Beruf wurde das Theater jedoch erst 2001, als die beiden in Herdecke auf der Bühne vom *Theater am Stiftsplatz* in dem Psychothriller *Gaslicht* gemeinsame Sache machten und abends beim Rotwein die Idee für ein *Literatour-Theater* schmiedeten.

Birgit Ebbert: Wie war Ihre erste Begegnung mit der Bühne?

Dario Weberg: In unserer Familie gehörten Theaterbesuche einfach dazu, eines der ersten Stücke, die ich gesehen habe, war *Peterchens Mondfahrt*. Auch an das Musical *Mame*, das 1967 auf dem Spielplan stand, erinnere ich mich sehr gut, weil ich mich für die Kinderrolle des Patrick Dennis beworben habe. Da war ich elf und fasziniert von der Vorstellung, auf dieser Bühne zu stehen. Schon das Casting war unbeschreiblich. Wir, bestimmt über 100 Kinder, mussten vor Rita Zorn vorsingen, der Grande Dame des Theaters. Leider wurde ich nicht genommen, allerdings war der Junge, der ausgewählt wurde, wirklich gut. Ich habe erst einmal weiter in Inszenierungen des Pfarrers mitgespielt und in den Weihnachtsprogrammen des Fußballvereins.

Indra Janorschke: Meine Kindheitserinnerung ans Schauspiel ist, dass ich nicht die Maria in der Weihnachtsgeschichte spielen durfte und stattdessen mit einem der drei Könige abgespeist wurde. Allerdings habe ich in der Realschulzeit mit meinem Bruder erste Filme gedreht, einen *Loriot*-Film und *Das schwarze Phantom*. Letzteres komplett nach eigenen Texten.

Das heißt, bei Ihnen trat schon früh eine Leidenschaft fürs Schreiben zutage. Haben Sie dafür heute noch Zeit?

Indra Janorschke: Die nehme ich mir immer. Neben Stücken für unser Theater schreibe ich vor allem Romane.

Dario Weberg als Alfred Tetzlaff und Indra Janorschke als Else in Ein Herz und eine Seele

Wie ging es nach den Kindheitserfahrungen mit dem Theater weiter? Haben Sie eine Schauspielschule besucht oder Unterricht genommen?

Indra Janorschke: Bei mir ruhte das Thema. Ich habe eine Ausbildung als Krankenschwester gemacht, immer mit dem Gefühl, dass das nicht meine Bestimmung war. Als eine Kollegin mich fragte, ob ich Lust hätte, in dem Hohenlimburger Amateurtheater *Mummpitz* mitzuspielen, habe ich den Zugang wieder bekommen. Meine Gesangslehrerin sah mich und stellte den Kontakt zum *Theater am Stiftsplatz* in Herdecke her, wo ich gleich in der ersten Rolle, der Nancy in *Gaslicht*, Dario begegnete.

Dario Weberg: Ich habe mich in der Jugend zunächst vom Theater wegentwickelt und Musik gemacht und gemalt. Nach dem Abitur habe ich mich sogar erfolgreich bei der Folkwang-Schule in Essen beworben. Allerdings hat mir der Wehrdienst einen Strich durch das Studium gemacht, und danach gab es familiäre Zwänge, die das Theater nicht mehr erlaubten. Stattdessen habe ich eine Ausbildung zum Versicherungskaufmann gemacht. Aber irgendwie hatte ich innerlich immer das Gefühl, am falschen Platz zu sein. Als mich mein Beruf sprichwörtlich krank machte und die Ärzte mir empfahlen, mein Leben zu ändern, begann ich, Schauspielunterricht zu nehmen. Drei bis vier Jahre nahm ich an Kursen teil, die Ines Burkhardt im *Fletch Bizzel* gab, einer freien Bühne in Dortmund. Später nahm ich Unterricht bei dem Schauspieler Josef Millo, bis klar war, dass ich mich zwischen Brotjob und Theater entscheiden musste. Nebenberuflich bin ich als Amateur bei dem semi-professionellen *Theater am Stiftsplatz* in Herdecke gelandet, wo ich Indra kennengelernt habe. Ende der 90er-Jahre habe ich meine Versicherungsagentur aufgegeben.

Dann kam euch die Idee zum *Literatour-Theater*. Was hat es damit auf sich?

Dario Weberg: Wir wollten Literatur in Szene setzen und dies mit Speisen verbinden. Das erste Stück hatte sechs Akte, und die Besucher bekamen für ihren Eintrittspreis neben dem Theater ein bodenloses Glas Wein – heute würde man sagen: all you can drink – und nach jedem zweiten Akt ein Häppchen.

Indra Janorschke: Kanapees mit Erdbeeren zum Beispiel. Was man selbst machen konnte und nicht teuer war.

Dario Weberg: Zu der Zeit kamen die ersten Krimi-Dinner auf, das brachte uns auf die Idee, unser Konzept Gastronomen anzubieten. Indra hatte ein wunderbares Programm über Goethe geschrieben, das haben wir angeboten.

Das klingt so einfach. War es auch so leicht?

Dario Weberg: Leicht ist etwas anderes. Es fing schon damit an, dass weder Indra noch ich einen Internetzugang hatten. Also sind wir ins Internetcafé gegangen und haben die Adressen von Restaurants herausgesucht, die infrage kamen, und Indra hat dort angerufen. Irgendwann sprach sich herum, dass unser Programm gut war, und wir hatten bis zu 200 Auftritte pro Jahr.

Das ist eine Menge. Kein Wunder, dass Sie das leid waren und sich nach einem eigenen Haus umgesehen haben.

Indra Janorschke: Ach, das kann man nicht sagen.

Dario Weberg: Wir haben schon gelegentlich darüber gesprochen, wenn wir unterwegs waren. Die Initialzündung kam eines Abends. Auf der Rückfahrt von einem Engagement meinte Indra, wie schön es wäre, eine eigene feste Bühne zu haben. Als wir nach Hause kamen, war auf dem

Anrufbeantworter jemand, der uns vorschlug, für ihn ein Theater in der näheren Umgebung aufzubauen. Das war unglaublich.

Indra Janorschke: Nach einigem Zögern haben wir eineinhalb Jahre an dem Konzept gearbeitet. Dann hat sich das Ganze zerschlagen, weil die kommunalen Auflagen für unser Budget zu hoch waren.

Dario Weberg: Da wir das Konzept bereits hatten, haben wir im Internet nach einer passenden Immobilie gesucht. Dabei sind wir auf die Kapelle am Rande des Elbersgeländes gestoßen, in der sich heute unser Theater befindet.

Und im Theatercafé lässt sich schön verweilen und sogar feiern

Wie lange dauerte es, bis das Theater dann eröffnet wurde?

Indra Janorschke: Den Mietvertrag haben wir im März 2011 unterschrieben, und die Eröffnung war am 8. September.

Dario Weberg: In der Zeit dazwischen wurden leichte Umbauarbeiten vorgenommen, weil ein Fluchtweg fehlte, und ich habe mit meinem Sohn die Bühne, die Zuschauerpodeste und die Theke gebaut. Ich habe bestimmt 1.000 Holzbohlen gesägt und verbaut, bis alles sicher und stabil war.

Indra Janorschke: Währenddessen saß ich im Eingangsbereich oder draußen und habe den Vorverkauf und das Marketing angeleiert, damit ab dem 8. September Zuschauer kamen.

Und? Waren welche da?

Dario Weberg: Alle 99 Plätze waren belegt, und der Oberbürgermeister hat das Theater eröffnet, ehe wir *Heute Abend, Lola Blau* aufgeführt haben.

Das läuft heute nicht mehr, oder?

Indra Janorschke: Leider nicht. Das ist etwas, was wir in den vier Jahren gelernt haben: Reine Literaturprogramme, Klassiker oder eher

traurige Inszenierungen laufen nicht so gut wie Komödien und unsere Revuen. Da es sich weder lohnt noch Spaß macht, vor zwei oder drei Interessierten zu spielen, liegt der Schwerpunkt auf unterhaltsamen Stücken. Aber wir könnten die Inszenierungen über Erich Kästner, Mascha Kaléko, Else Lasker-Schüler oder Heinrich Heine jederzeit wieder aufnehmen.
Dario Weberg: Wir sind im Gespräch mit Kooperationspartnern, diese Projekte vielleicht einmal in einem anderen Umfeld zu präsentieren.
Apropos anderes Umfeld. Sie sind seit 2015 auch künstlerischer Leiter der *Schlossspiele*, Herr Weberg. Wie ist es denn dazu gekommen?
Dario Weberg: Der Kontakt zu den *Schlossspielen* auf Schloss Hohenlimburg besteht schon länger. 2011 hatte ich zugesagt, in dem Stück *Mein Freund Harvey* die Hauptrolle zu übernehmen, ehe ich wusste, dass ich im gleichen Jahr in Hagen eine Spielstätte eröffnen würde. Die Leute waren begeistert, und wir hatten auch danach Gastauftritte dort, mit unserer Inszenierung *Kontrabass* zum Beispiel. Als der frühere Leiter seine Tätigkeit beendete, hat man mir die Aufgabe angeboten, und ich habe sie gerne übernommen. Das ist eine interessante Herausforderung, die viele Möglichkeiten bietet.
Haben Sie noch Zeit, in Ihrem eigenen Theater zu spielen?
Dario Weberg: Natürlich! Ich habe hier so viel Arbeit reingesteckt, das ist doch mein zweites Zuhause.
Indra Janorschke: Wir verbringen mehr Zeit hier als in unserer Wohnung, was man übrigens auch daran sieht, dass unsere Theaterhunde Poirot und Hastings sich hier genauso wohlfühlen wie wir.

THEATER AN DER VOLME
DÖDTERSTRASSE 10
58095 HAGEN
WWW.THEATERANDERVOLME.DE

14 Träumer, Tramp und Prinz

Johannes Breling plaudert im Landgasthaus Staplack

Ein Tramp ist Johannes Breling auf den ersten Blick nicht, sondern fest verwurzelt in seiner Heimatstadt Hagen. Besonders in Emst, wo er aufgewachsen ist, wohin ihn das Schicksal nach vier Jahren englischer Kriegsgefangenschaft zurückgeführt hat und wo er sich im Landgasthaus *Staplack* noch heute mit Freunden regelmäßig trifft. Aber ein Träumer ist er doch irgendwie. »Es waren immer die Träumer, die die Welt verändert haben. Ich wollte den Menschen mit dem, was ich gemacht habe, mit meinen Vorträgen, Liedern und meiner Tätigkeit im Betriebsrat der Elektro Mark die Augen öffnen für die Missstände in der Welt.«

Ein Mittel war dabei immer der Humor, der sich in dem Buch *Verse hinter der hohlen Hand* ebenso zeigt wie in seinen Liedern, die er in 50 Jahren Kabarett verfasst und vorgetragen hat.

Seit 1935 singt Johannes Breling in der Choral-Schola der Heilig-Geist-Gemeinde. Er ist der Einzige, der von Anfang an dabei ist. 17 Jahre hat er den Chor selbst geleitet und in der Zeit mit den Scholaren das Kirchbaufest der Gemeinde um ein abendfüllendes Kabarett-Programm bereichert. Eine Tradition, die bis heute fortgesetzt wird.

Kein Wunder, dass sich die Verantwortlichen des Hagener Karnevals 1978 Hilfe suchend an ihn wandten, als zwei Tage vor der Eröffnung der Karnevalssession plötzlich der Prinz absprang. »Wir waren auf einer Bildungsreise in der Schweiz und saßen in Basel nach einem Abendessen gemütlich beisammen, als der Vorsitzende des frisch gegründeten Festkomitees *Hagener Karneval* auf mich zukam und fragte, ob ich bereit wäre, Prinz Karneval zu werden.« Eigentlich war Karneval nicht sein Ding und er dachte, es ginge um die übernächste Session, bis er begriff, dass er bereits zwei Tage später im Rathaus auftreten sollte. »Ich wundere mich noch heute«, sagt er, »dass ich zugesagt habe, aber es war eine Chance, vielen Menschen Freude zu machen.« Das ist ihm bestens gelungen, wie er es immer wieder hinbekommen hat, sich auf neue Umstände einzulassen.

In der Heilig-Geist-Kirche sang Johannes Breling mit seiner Schola

Obwohl die Suche nach einem Ausbildungsplatz 1935 nicht leicht war, schaffte er es, einen Lehrplatz als Kürschner bei Wolff zu erhalten. Mit Erfolg! Er wurde beim »Reichsberufswettkampf« Gausieger und belegte beim anschließenden Reichsentscheid den dritten Platz. Auf die Freistelle, die ihm die Deutsche Kürschnerschule in Leipzig zum Dank anbot, musste er allerdings verzichten, weil er nicht bei den Nationalsozialisten organisiert war.

Sein Gesellendasein konnte er nur drei Jahre genießen, mit 19 wurde er in Dortmund als Soldat für die schwere Artillerie ausgebildet. Zusätzlich erhielt er eine Spezialausbildung als Kommandant eines Sturmgeschützes, die ihm am Ende vermutlich das Leben rettete. Bereits im Winter 1941 musste er in Russland an der Front in der Nähe von Leningrad mitkämpfen. »Bei 51 Grad minus lagen wir im Schützengraben«, erinnert er sich. Zweieinhalb Jahre brachte er dort zu, bis ein Lungensteckschuss ihn zurück nach Deutschland führte, wo ihm im Lazarett in Magdeburg die Kugel aus der Lunge entfernt wurde. Nach seiner Genesung hätte er eigentlich zurück an die Ostfront reisen müssen. Dank seiner Spezialausbildung wurde er jedoch in Frankreich für eine neue Einheit angefordert. Drei Monate später geriet er in englische Kriegsgefangenschaft, die vier Jahre währte. Hätte er zurück an die Ostfront fahren müssen, wer weiß, wie sein Leben weitergegangen wäre.

So traf er an seinem 27. Geburtstag 1948 wieder in Hagen ein und versuchte, an sein früheres Leben anzuknüpfen. Aber wer konnte schon Pelze kaufen zu jener Zeit? Das Pelzhaus Wolff beschäftigte ihn zwar wieder, doch Gesellenlöhne waren damals so niedrig, dass sie nicht für die Gründung einer Familie reichten. Da passte es gut, dass ein Bekannter ihn an die Elektro Mark vermittelte, wo er sich hocharbeitete, schließlich das Magazinbüro im Cuno-Kraftwerk in Herdecke leitete und zehn Jahre die Belegschaft im Aufsichtsrat vertrat.

Während er sich nach der Rückkehr beruflich neu orientierte, konnte er in der Kirchengemeinde an das Leben vor dem Krieg anschließen. Die Schola existierte noch und erhielt neue Aufgaben. Dann kam die Karnevalssession, in der er als Prinz Karneval mit seiner Frau als Prinzessin die närrischen Geschicke der Stadt führte. Zusammen mit den Scholaren nahm er unter dem Namen *Domkosaken* die Politik der Stadt aufs Korn. Das war auch das Ziel des *Prinzentrios*, das er drei Jahre später mit seinen beiden Nachfolgern gründete. Noch 20 Jahre nach ihren Amtszeiten belebten die drei die närrische Szene und füllten so manches Mal die Stadthalle.

Heute wissen nicht mehr viele davon. Aber das ist für ihn nicht so wichtig, wichtiger ist, dass ihm neben den Scholaren seine Freunde geblieben sind. Mit einigen trifft er sich seit gut 20 Jahren zum Stammtisch im Landgasthaus *Staplack*, wo man ihn kennt und ihm – fast wie einem echten Prinzen – die Wünsche von den Augen abliest.

LANDGASTHAUS STAPLACK
STAPLACK 2
58091 HAGEN
WWW.STAPLACK.DE

15 Geschichte und Geschichten aus der Stadt

Der Verein Erzählcafé lebt Ehrenamt in der Langen Straße

Wehringhausen ist ein besonderer Stadtteil, das finden nicht nur die Wehringhausener. Birgit Hermann, Eva Schäfer und Ulla Kähler sind drei Frauen, die sich dafür engagieren, dass Geschichte und Geschichten im Stadtteil eine Anlaufstelle haben. Sie führen das Erbe von Margret Obendiek fort, die Mitte der 90er-Jahre die Idee zu dem Treffpunkt im Hof hatte.

»Margret Obendiek war eine Frau der Tat«, erinnert sich Birgit Hermann. »Ich weiß noch genau, dass sie vor gut 20 Jahren ihre Freundinnen zum Kaffee einlud und erklärte, dass sie einen Verein gründen wolle, in dem wir Mitglied werden müssten.« So fand sich Birgit Hermann unversehens als Gründungsmitglied eines Vereins wieder, der bis heute Bestand hat. 2011 haben die drei das Zepter übernommen, seitdem sind sie fast jeden Dienstag und Freitag in dem *Alten Backhaus* in der Langen Straße zu finden.

»Ich habe nach meiner Pensionierung eine neue Aufgabe gesucht«, erzählt Eva Schäfer, die lange Jahre an der Gesamtschule Haspe unterrichtet hat. Da passte es gut, dass Ulla Kähler, Ur-Hagenerin aus Boelerheide, bereit war, neben ihren anderen Engagements wie dem für das Sparfach im *Anno* auch im Verein *»Erzählcafé Altes Backhaus* mitzuwirken. Zusammen mit vielen Ehrenamtlichen bieten die drei dienstags und freitags eine Anlaufstelle für Gespräche bei Kaffee und leckerem selbst gebackenen Kuchen oder Mittagessen. Mit Vorträgen, Lesungen und Ausstellungen sorgen sie dafür, dass der Gesprächsstoff weder Stammgästen noch Gelegenheitsbesuchern ausgeht und sie eigene Geschichten erzählen – ein Erzählcafé eben.

ERZÄHLCAFÉ
ALTES BACKHAUS E. V.
LANGE STRASSE 30
58089 HAGEN
WWW.ERZAEHLCAFE.COM

WARNER BROS
SABLA

16 Unterwegs zu Hause und in Hagen daheim

Ludwig Deinerts Kettenflieger auf dem Ernst-Meister-Platz

So manches Kind und auch der eine oder andere Erwachsene besäße gerne, was Ludwig Deinert sein Eigen nennt: ein Kettenkarussell. Ja, genau so eines mit schmalen Sitzen, deren Metallrahmen sich um die Hüfte klemmen, die an Ketten hängen und einen durch die Luft tragen. Wer die Augen schließt, hat das Gefühl, aus der Welt zu fliegen. Mit einem solchen Karussell ist Ludwig Deinert seit rund 15 Jahren in ganz Deutschland unterwegs und natürlich auch in Hagen präsent.

Das Unterwegssein auf Jahrmärkten ist für Ludwig Deinert nichts Besonderes, stammt er doch aus einer Schaustellerfamilie und ist damit aufgewachsen, dass die Familie von einer Kirmes zur nächsten fuhr.

»Meine Oma, die immer schon eine begeisterte Reiterin und Pferdenärrin war, hat in den Nachkriegsjahren den Anfang gemacht, als sie mit Ponys von Stadt zu Stadt fuhr und die Kinder reiten ließ«, erzählt Ludwig Deinert. Sein Vater hat den Betrieb später übernommen, sodass Ludwig Deinert und seine sechs Geschwister mit und auf dem Jahrmarkt aufwuchsen. Wie auch seine Kinder.

Noch als die älteste Tochter klein war, lebte die Familie ganzjährig in einem Wohnwagen, der mit üblichen Campingwagen allerdings wenig gemeinsam hatte. »Unser Wagen war wie eine Wohnung, es gab ein Wohnzimmer, Schlafzimmer für Eltern und Kinder, eine Küche, ein Bad und alles war nach unserem Geschmack eingerichtet wie andere Wohnungen auch.«

Wie Ludwig Deinert lebten auch seine Kinder von klein auf mit den Ponys. Allerdings hatten sie nicht alle Annehmlichkeiten, die der Vater besaß.

Mit seinen Eltern und Geschwistern verlebte Ludwig Deinert seine Kindheit und Jugend in einem fast herrschaftlichen Fachwerkhaus mit 17 Zimmern, einem großen Stall für die Ponys und einem riesigen Garten, in dem Kinder und Ponys sich tummeln konnten, und so mancher Schulfreund gerne ein und aus ging. Kein Wunder, mit 80 Ponys und sieben Kindern war dort immer etwas los, und

Ludwig Deinerts Märchenbahn auf dem Hagener Weihnachtsmarkt

wenn nichts los war, dann dachte man sich eben etwas aus. Wie in jenem Schneewinter, als die Jungen kurzerhand ihre Schlitten hintereinander banden und diese hinter ein Pony spannten, um eine Schlittenfahrt zu unternehmen.

»Wir durften und konnten vieles, von dem andere Kinder träumten«, erinnert sich Ludwig Deinert. »Wir lernten auch viel mehr. In meiner Familie konnten alle früh Traktor fahren, das war völlig normal. Es mussten ja immer Anhänger mit Ponys transportiert werden.« Wo über 80 Ponys zu versorgen sind, ist jede Hand willkommen, und die Kinder der Familie haben es genossen, die Ponys zu füttern, zu pflegen und auszureiten. »Die Ponys waren doch schon da, als wir auf die Welt kamen, da war es selbstverständlich, dass sie dazugehörten, das war überhaupt keine Frage.«

An die Zeit auf dem Gutshof erinnert Ludwig Deinert sich mit einer leichten Wehmut. Nicht, weil ihm sein Leben in Haspe nicht gefällt, sondern weil der Gutshof heute verlassen ist und der Anblick ihm jedes Mal einen Stich versetzt, wenn er auf dem Weg von Hagen nach Wetter dort vorbeifährt. In der Tat wirkt der Hof wie ein Dornröschenschloss, und der Teich, an dem Ludwig Deinert als Kind mit den Ponys gespielt hat, ist hinter einer Dornenhecke verborgen. Dennoch meint man, das Kinderlachen und das Wiehern der Ponys zu hören, wenn man die Geschichte des Hauses kennt.

Als seine Mutter nicht mehr allein mit der Ponyreitbahn unterwegs sein konnte, war es keine Frage, dass Ludwig Deinert die Aufgabe übernahm. Jahrelang bereiste er Jahrmärkte und Volksfeste mit einem Wagen voller Ponys, die vor Ort bei einem Bauern einquartiert wurden. Es ärgert ihn noch heute, wo sein Bruder mit den Ponys unterwegs ist, wenn ihnen unterstellt wird, sie würden die Ponys quälen. »Wir lieben die Ponys und achten sehr darauf, dass es ihnen gut geht. Sie können sich ausruhen, sie haben zwischendurch Auslauf, und wir kümmern uns um sie.« Zwischen den Auftritten und wenn sie zu alt für die Reitbahn sind, stehen die Ponys auf einer Weide im Sauerland.

Trotz der Liebe zu den Ponys hat Ludwig Deinert sich vor rund 15 Jahren entschieden, etwas anderes zu machen und die Reitbahn abzugeben. Stattdessen hat er das Kettenkarussell aus dem Jahr 1948 angeschafft, das seither fast seine ganze Zeit beansprucht, weil hier mal etwas repariert und da restauriert werden muss, und weil das Karussell, anders als moderne Fahrgeschäfte, nicht einfach ausgeklappt wird, sondern Brett für Brett und Platte für Platte zusammengebaut wird. Das dauert, und deshalb kann er – so gerne er das möchte – den *Kettenflieger* nicht mal eben für einen Tag irgendwo aufstellen, aber auf der Hasper Kirmes ist er natürlich dabei. Mitten auf dem Platz, zwischen den modernen Fahrgeschäften, und nicht selten umringt von Kindern und Erwachsenen, die sich gerne einmal Luft um die Nase wehen lassen und frei wie ein Vogel fühlen möchten.

DEINERTS KETTENFLIEGER
ERNST-MEISTER-PLATZ
58135 HAGEN

Die Welt ist nicht schwarz-weiß
Nina G.
Ronja R.
#07

17 Ein halbes Leben für die Hagener Kinder

Christa Burghardt initiierte den Kinderrechte-Pfad

Als Christa Burghardt vor rund 40 Jahren ihr Sozialpädagogik-Studium an der Fachhochschule in Hagen begann, hat sie es sich kaum träumen lassen, dass am Ende ihres Berufslebens Kinderschutz in der Stadt eng mit ihrem Namen verknüpft ist. Begonnen hat alles mit der halben Stelle, die sie nach der Geburt ihrer Tochter bekam.

Kinder und ihre Lebensräume haben Christa Burghardt schon immer interessiert. Und so hat sie beim Kinderschutzbund die Chance ergriffen, um sich einzusetzen und im Großen wie im Kleinen Kinderleben zu bereichern. Dabei war sie immer mit Kindern im Gespräch, um zu erfahren, ob und wo sie Unterstützung benötigen. Neben strukturellen Veränderungen hat sie stets das einzelne Kind im Blick, das sich nicht selbst zu Wort melden kann, weil es aus einer schwierigen Familie kommt oder todkrank ist, weil es behindert ist oder aus dem Heimatland fliehen musste. »Ich habe mir immer vorgestellt, dass es ein Haus geben müsste, in dem Kinder und Eltern einen Ansprechpartner finden.« Dafür, dass sie diese Vision umsetzen konnte, ist Christa Burghardt den Hagenern besonders dankbar. Kaum hatte sie zu Spenden für das Projekt *Ein Haus für Kinder* aufgerufen, bekam sie Unterstützung von vielen Seiten.

Und weil ein Herzensprojekt für eine Frau mit Herz zu wenig ist, hat Christa Burghardt nach dem Einzug gleich einen zweiten Traum in Angriff genommen, den Kinderrechte-Pfad, eine Installation aus zehn Stelen sowie zwei Metallbüchern, in denen im öffentlichen Raum die UN-Charta der Kinderrechte nachzulesen ist. Einzigartig wie die Frau, die das Projekt initiiert hat.

KINDERRECHTE-PFAD
DR. FERDINAND-DAVID-PARK
58095 HAGEN
WWW.KINDERSCHUTZBUND-HAGEN.DE

18

Klangvoll aus Hagen in die Welt

Siggi Bemm produziert Musik im Woodhouse Studio

Dass der eine Musiker oder die andere Musikerin aus Hagen kommt, ist auch außerhalb der Musikszene kein Geheimnis. Was aber die wenigsten wissen, dass eine Produzentengröße aus Hagen kommt und mit ihrem unbeirrbaren Gespür für authentische Musik Stars und Newcomern musikalisch auf die Sprünge hilft.

Dabei hat Siggi Bemm weder Musik studiert noch eine Ausbildung zum Tontechniker absolviert. Er hat das getan, was ihm auch bei der Arbeit mit den Musikern wichtig ist, er ist seinem Gespür gefolgt, und das hat ihn schon früh an das Mischpult gebracht.

Begonnen hat alles, als er mit zehn Jahren eine Gitarre bekam, und sein Vater meinte: »Das lernst du nie.« Die Skepsis des Vaters kam nicht von ungefähr. Lernen in Systemen war nie das Ding von Siggi Bemm. Schule war ihm zu langweilig, und auch sonst fiel es ihm schwer, sein Tempo einem Lehrer oder gar einer Lerngruppe anzupassen. Lieber brachte er sich etwas selbst bei. So auch Gitarre zu spielen. Die Bemerkung seines Vaters war für ihn ein Ansporn, sich mit dem Instrument auseinanderzusetzen und es für sich zu erobern. Das scheint gelungen zu sein, schon mit 15 Jahren gründete er seine eigene Band. *Zeus* war eine der ersten Bands, die in Hagen für Furore sorgten. Und wer Musik macht, träumte auch in den 70er-Jahren von einer eigenen Aufnahme. Wie gut, dass Siggi Bemm ein Tonbandgerät besaß, und dass die Technik damals insgesamt noch sehr viel reduzierter war als in der heutigen Zeit. Damals reichte ein Tonbandgerät in einem Holzhaus, um einen guten Sound zu erzeugen. Während es heute zig Tonspuren gibt und jede Stimme und jedes Instrument extra eingespielt werden, hat man in den 70er-Jahren noch alles live eingespielt und allenfalls Musik und Gesang getrennt. Was auch bedeutete, dass man einen Song unter Umständen mehrfach wiederholen musste. Siggi lacht laut, als ihm einfällt, wie ein junger Punkmusiker damals wieder und wieder sang »Ich häng mich auf«, weil Siggi nicht zufrieden war, bis sein Vater schließlich bat: »Sohn, tust du mir einen Gefallen, gibst du ihm endlich einen Strick.«

An diesem Tonregiepult mischt Siggi Bemm seine Musik

Diese Wiederholung war einerseits mühselig, andererseits entstand bei manchem Song genau dadurch die besondere Note, die ihn noch heute auszeichnet. »Heute ist alles sehr hektisch«, beklagt Siggi Bemm. »Wenn ein Song früher wiederholt werden musste, dauerte es, bis das Band zurückgespult war. Die Zeit war eine Erholungspause, die gibt es heute nicht mehr.« Er schmunzelt. »Außer bei mir, weil ich noch immer zurückspule, obwohl man das nicht mehr machen muss.«

Das Ergebnis seiner ersten Aufnahmen war so gut, dass andere Musiker anfragten, ob er ihnen Demoaufnahmen machen könnte. Konnte und wollte er und hat damit die Grundlage für eine internationale Karriere geschaffen, die ihresgleichen sucht. Inzwischen gilt er als »Enfant terrible der internationalen Produzenten-Szene«, weil er sein Ding durchzieht und auch schon mal einer Band erklärt, er wäre für sie nicht der richtige Produzent und könne ihre Musik nicht abmischen. »Entscheidend ist, dass die Chemie stimmt«, erklärt er diese Einstellung. »Für mich bedeutet das Produzieren von Musik, die Besonderheiten eines Musikers oder einer Band zu entdecken und zu fördern. Das geht nur, wenn die Leute offen sind, wir ins Gespräch kommen und auch über Persönliches sprechen, das in Musik immer mitschwingt.« Eine Zusammenarbeit mit ihm beginnt deshalb auch nicht im Studio, sondern in dem gemütlichen Aufenthaltsraum oder am Küchentisch. Man redet miteinander, beschnuppert sich und findet heraus, ob die Seelen gleich klingen, ehe es an die Instrumente geht. »Deshalb arbeite ich auch vorzugsweise mit Bands oder Musikern, die eine eigene Vorstellung oder Vision haben. Da ist dann eine Identität, die ich entdecken kann. Gecasteten Gruppen, die mit dem Ziel zusammengeführt werden, einem Musiktrend zu folgen, fehlt diese Persönlichkeit häufig.« Sein Konzept scheint aufzugehen und in der Branche anzukommen. Zeitweise kamen 90 Prozent seiner Aufträge aus dem Ausland. Natürlich haben ihm *Extrabreit* und *Grobschnitt*, die Hagener Bands, die er von Anfang an begleitet hat, die Treue gehalten, aber auch Musiker wie Peter Maffay und Udo Lindenberg haben erkannt, dass Siggi Bemm den Songs und Alben keine eigene Handschrift aufdrückt, sondern ihre Musik mit Fingerspitzengefühl und einem Gehör für Nuancen einzigartig macht.

Und das passiert in Hagen. Angefangen hat alles in einer Hütte im Garten der Eltern. Dann produzierte Siggi Bemm einige Jahre in Dortmund und an der Elberfelder Straße, ehe er sich im Keller seines Elternhauses, in dem schon seine Urgroßeltern gelebt haben, ein beeindruckendes Studio mit Blick in den Garten einrichtete.

»In meiner Kindheit und Jugend war hier nicht viel außer unserem Haus. Wo man hinschaute Grün, ein riesiger Abenteuerspielplatz, auf dem ich mich mit meinen Freunden austoben konnte.« Siggi Bemm gehört zu den Menschen, die immer etwas tun müssen. Man kann sich vorstellen, dass seine Eltern es nicht leicht mit ihm hatten und froh waren, dass der Bauernhof um die Ecke viel Beschäftigung bot. Dort durfte er mit dem Pferd auf den Acker und beim Pflügen helfen, in den Herbstferien war er bei der Kartoffelernte beschäftigt und auch sonst fast nie zu Hause, wo neben den Eltern seine Tanten sein Leben beeinflussten.

Im Theodor-Heuss-Gymnasium fand Siggi Bemm das Kaninchen, das er zu Hause aufpäppelte

Siggi Bemm lacht verschmitzt bei der Erinnerung an seine Tanten. »Eines Tages wollte ich mit meinen Freunden weg, wir trafen uns unten im Garten, und meine Tante sah oben aus dem Fenster, dass wir los wollten.« Sie forderte ihn auf, eine Jacke mitzunehmen und warf ihm seine geliebte Lederjacke mit dem Totenkopf herunter. Keine gute Idee bei einem Jungen, der immer irgendwelche Gläschen mit chemischen Substanzen in der Jacke hatte. Eine Minute später hatte sich die Frage, ob er eine Jacke mitnehmen würde, erübrigt. Es gab keine Jacke mehr, sie war mit einem lauten Knall in Rauch aufgegangen. Weitaus besser wirkte die Hilfe der Tante, als der kleine Siggi ein Kaninchenbaby nach Hause brachte, das sich ins Theodor-Heuss-Gymnasium, das er damals besuchte, verirrt hatte. Gemeinsam mit seiner Tante schaffte er es, das Kaninchen aufzupäppeln – während die Lehrer in der Schule an dem vermeintlich aufsässigen Schüler verzweifelten, der sich schlicht und einfach im Unterricht langweilte. »Wenn mich etwas interessiert hat, war ich immer dabei, aber sobald mir Schulstoff unbedeutsam erschien, habe ich mich ausgeklinkt.«

Kein Wunder, dass er es zunächst in keinem Beruf aushielt, obwohl er sich redlich bemüht hat, den passenden Beruf zu finden. Er war als Einzelhandelskaufmann tätig und war Motocross-Profi, arbeitete als Kfz-Mechaniker und als Betriebsschlosser, das Richtige war nicht dabei. Bis ihm dann klar wurde, dass sein Weg die Musik war. Er hatte schon einige Auftraggeber und einiges Know-how, wenn auch keine Ausbildung als Tontechniker. »Aber ich habe das Handbuch der Studiotechnik durchgearbeitet«, verrät er. Und das Notenlesen hat er sich beigebracht, weil es ihn ärgerte, wenn in Gruppen jemand falsch spielte und er nicht sofort wusste, wer es gewesen war. Dass dieser Weg richtig war, bestätigt die Freude, die er noch immer an seiner Arbeit hat, aber auch der Ruf, den er sich in der Branche in fast 40 Jahren erworben hat. Und vielleicht ist das Geheimnis seines Erfolgs gerade, dass er sich nie auf eine Stilrichtung festgelegt hat wie manche seiner Kollegen. Durch die Abwechslung bleibt er stets aufs Neue gefordert, und das Spektrum war und ist weit. Die *Vorstadtkrokodile* wurden ebenso in seinem Studio produziert wie eben CDs von *Peter Maffay*, *Extrabreit*, *Kreator*, *Tiamat* und vielen anderen Metal-Bands. Klassikaufnahmen finden sich in seiner Diskografie ebenso wie Jazz. Entscheidend sind die Chemie und die Emotionen. »Musik ist Emotion«, lautet sein Credo, und wer in seine Musik reinhört, weiß, was er damit meint. Sie nimmt einen gefangen und lässt einen nicht mehr los. Das scheint nicht zu passen zu einem Produzenten, dessen Herz für Metal und Rock schlägt. Aber Siggi Bemm ist eben ein Mensch voller Widersprüche, laut und leise, selbstbewusst und zurückhaltend, aber immer offen für Nuancen – am Mischpult ebenso wie im Gespräch.

Siggi Bemm bringt mit seinem *Woodhouse Studio* nicht nur Hagen in die Welt, er holt auch die Welt nach Hagen. So mancher internationale Künstler ist hier schon durch die Straßen geschlendert, als er zu Aufnahmen in Siggis Studio war – heute nicht mehr im ersten *Woodhouse*. Das steht aber noch, hinten im Garten, verwildert und baufällig erinnert es ihn an die ersten Aufnahmen.

WOODHOUSE STUDIO
BOLOHSTRASSE 42
58093 HAGEN
WWW.WOODHOUSE.DE

19 Bücher über Architektur und Denkmäler

Petra Holtmann leitet den Hagener Ardenku-Verlag

Bei der Suche nach Informationen über Hagen begegnet einem zwangsläufig der Ardenku-Verlag. Das Hagen-Buch hat dort sein Zuhause, aber auch eine Reihe von Büchern über spezielle Geschichten der Stadt, von der Straßenbahn bis zu Tankstellen. Die Frau hinter diesen Büchern ist Petra Holtmann: In Boele geboren und aufgewachsen, war sie so infiziert vom Hagenvirus, dass sie selbst zum Studium nicht nach Bochum und Münster gezogen, sondern täglich gependelt ist.

Birgit Ebbert: Was ist es, was Sie an Hagen begeistert, dass Sie die Stadt höchstens für Urlaube verlassen?

Petra Holtmann: Hagen hat ein breites Angebot für unterschiedliche Interessenlagen, es gibt Wasser, Kultur, viel Grün, Kinos, zwei Theater, gute Einkaufsmöglichkeiten und freundliche Menschen – die Hagener sind nämlich nicht so stur, wie man sagt, sondern freundlich. Vor allem aber hat Hagen genau die richtige Größe, dass man sein Ding machen kann, die Leute einen aber dennoch kennen.

Heißt das, Sie haben Ihr Faible für Kultur und Architektur schon früh entdeckt?

Sicher nicht bewusst, ich habe wie alle Kinder gerne draußen gespielt. Aber ich habe nach dem Studium festgestellt, dass Kunst schon damals in meinem Leben präsent war. Die Skulptur von Eva Niestrath-Berger auf dem Pausenhof der Gesamtschule Helfe hat mich zum Beispiel einen Zahn gekostet, als ich mit dem Skateboard über den Platz raste. Und hinter der Lederwand von Arthur Lange in Boele konnten wir als Teenager wunderbar heimlich knutschen.

Was haben Sie studiert?

Kunstgeschichte, Archäologie und Alte Geschichte. In Bochum und Münster. Ich wollte unbedingt bei Max Imdahl studieren. Er war zu der Zeit die Koryphäe für Kunstgeschichte und hat sich dafür engagiert, wie man Leute in Museen bringt.

Aber dann sind Sie nicht in einem Museum gelandet, sondern haben

Schon vor der Haustür erwartet die Besucher der Ardenku-*Galerie das erste Kunstwerk*

einen Verlag gegründet. Wie hat sich das ergeben? Was heißt eigentlich *Ardenku*?

Ardenku steht für unsere Schwerpunkte Architektur, Denkmal und Kunst. Der Name hat sich ergeben, als wir den Verlag gegründet haben. Damals hatte ich für die Denkmalbehörde einen Architekturführer für Hagen erstellt. Als dieser fertig war, meldete der Verlag, in dem er erscheinen sollte, Insolvenz an. Da habe ich mit einer Freundin entschieden, einen Verlag aufzubauen, damit die Arbeit nicht vergessen in einem Schreibtisch landete.

Ein Buch macht ja noch keinen Verlag. Wie ging es dann weiter?

Wie das so ist im Leben, man trifft zur richtigen Zeit die richtigen Menschen. Als für die Bundesgartenschau in Gelsenkirchen jemand gesucht wurde, der die Dokumentation erstellte, haben wir uns beworben. Damals waren wir naiv und haben für das Angebot angesetzt, was wir zum Leben für ein oder zwei Monate brauchten. Wir hatten das Glück, dass dem zuständigen Mitarbeiter unsere Unterlagen gefielen, er riet uns, noch einmal nachzurechnen, und wir haben den Zuschlag bekommen. 1998 trat Horst Kniese, der damalige Redakteur des Hagen-Buches, an mich heran, später lernte ich Liselotte Funcke kennen und veröffentlichte mit ihr vier Bücher. Bis heute sind es die kleinen Begegnungen, aus denen oft interessante Projekte erwachsen.

Ihr zweites Standbein ist die Kunst. Im letzten Jahr haben Sie eine eigene Galerie im Verlag eröffnet. Warum diese Erweiterung?

Ich habe über den Verlag viele Kontakte zu Künstlern und ihren Familien bekommen. Irgendwann bat mich einer, ihn beim Verkauf der Bilder zu unterstützen. Das fand ich spannend und habe mich darauf eingelassen, dann kam der nächste. Von da aus war der Schritt zu einer Galerie nicht weit. Die erste Galerie war im früheren Verlagsgebäude. Nach dem Umzug in das neue Haus bin ich oft gefragt worden, ob ich dort auch Bilder zeigen könnte. Daraufhin habe ich 2014 eine Art Treppenhausgalerie eröffnet, in der ich vorwiegend regionale Künstlerinnen und Künstler ausstelle, zum einen, um ihre Bilder zu verkaufen, aber auch um ihnen Raum zu geben.

Kommen wir noch einmal zurück auf Ihr Faible für Architektur. In Hagen wurde in den letzten Jahrzehnten einiges abgerissen. Welchen Abriss bedauern Sie am meisten?

Es gibt einige Häuser, deren Abriss mir leid tut, das alte Rathaus zum Beispiel oder die Deutsche Bank, das alte Haus von Fritz Schumacher an der Kreishausstraße und die alte Stadthalle. Aber ich verstehe, dass Abrisse manchmal nötig sind, um Platz für Neues zu schaffen oder weil das Alte nicht mehr sicher ist.

Und welches der Bauwerke aus Ihrem Architekturführer gefällt Ihnen am besten? Haben Sie einen Lieblingsort?

Ein Gebäude oder ein Kunstwerk auszuwählen, finde ich schwierig. Es gibt so viel, viel mehr als die meisten wissen. Aber mein Lieblingsort ist ohnehin mein Haus in Haspe, von dem man einen wunderbaren Blick auf Haspe hat, und natürlich meine Galerie, weil die Bilder, die dort hängen, so viel Kraft und Kreativität ausstrahlen.

ARDENKUVERLAG
EDUARD-MÜLLER-STRASSE 2
58097 HAGEN
WWW.ARDENKUVERLAG.DE

20 Bei Wind und Wetter in der freien Natur

Christina Seeberger im Waldkindergarten Kleines Forsthaus

Christina Seeberger ist überzeugte Hohenlimburgerin. »Die Stadt ist toll, man kennt und hilft sich.« Sie wundert sich, dass die Hagener so anders über ihre Stadt sprechen als die Hohenlimburger, wo Hagen viel zu bieten hat, unter anderem viel Wald und Natur. Zum Beispiel den Wald, in dem sich die Johanniter Waldkita *Das kleine Forsthaus* befindet. Das Forsthaus dient den Kindern tagsüber als Schutzraum bei schlechtem Wetter und ist neben der Kita *Römers Hof* die zweite Heimat von Leiterin Christina Seeberger.

Eigentlich wollte die Kindheitspädagogin Polizistin werden. Zur Qualifikation für die Polizei hat sie sich nach dem Realschulabschluss entschieden, Fachabitur für Sozial- und Gesundheitswesen zu machen. Während ihres Praktikums erkannte sie die Arbeit mit Kindern als ihre Berufung. »Wenn man mit Kindern arbeitet, gibt es keine schlechten Tage«, erklärt sie das. »Wenn einem ein Kind entgegenkommt und sich freut, einen zu sehen, verfliegt alles Negative.« Nach ihrer Ausbildung hat sie in dem Kindergarten der *Elterninitiative Wurzelzwerge* in Wehringhausen gearbeitet, den sie als Kind besucht hat. Schon da hat sie das Thema Waldpädagogik gepackt. »Sogar in meiner Abschlussarbeit im Studium kam sie vor. Es ging um die Partizipation von Eltern im Waldkindergarten, weil ich die Beteiligung von Eltern und Kindern wichtig finde.« Wo immer es der Kindergartenalltag zulässt, bezieht sie mit ihrem Team die Kinder in Entscheidungsprozesse ein. »Ich hatte optimale Bedingungen dafür. Partizipation ist ein zentrales Motiv der Arbeit der Johanniter, zusammen mit dem Grundgedanken der Hilfe von Mensch zu Mensch ein Grund, mich bei dem Träger zu bewerben«, verrät sie. »Ich habe sowohl den Waldkindergarten als auch die Kita im Römers Hof aufgebaut und dabei immer Gelegenheiten gefunden, die Kinder einzubeziehen.« Was so selbstverständlich klingt, war eine Mammutaufgabe. Fünf Monate nach ihrem ersten Arbeitstag begann am 1. Januar 2015 der Betrieb im Römers Hof, da befand sich das Außengelände im Rohbau. Für Christina Seeberger ein schönes Feld,

Die Kinder des Waldkindergartens starten in den Tag in der Natur

um die Kinder zu beteiligen. Sie ließ die Kinder malen, wie sie sich das Spielgelände wünschten. Nahezu alle Ideen der Kinder konnten umgesetzt werden. Nur auf den lebendigen Bären müssen die Kinder verzichten. Stattdessen züchten sie in einem Nutzbeet Obstbeeren. Auch eine Idee der Kinder, die meinten, ein Beet wäre praktisch, weil sie dann zum Frühstück die Beeren essen könnten.

Auch im Waldkindergarten legen Christina Seeberger und ihre Kolleginnen viel Wert darauf, dass die Kinder in die Gestaltung des Alltags einbezogen werden. Im Morgenkreis wird entschieden, wie der Tag verlaufen soll. Das Prinzip ist immer gleich, die Kinder schnallen ihren Rucksack auf und gehen mit drei pädagogischen Fachkräften in den Wald. Mal führt sie der Weg zum Wildgehege, wo sie gelegentlich bei der Fütterung der Mufflons helfen dürfen, ein anderes Mal wandern sie mit einem Lied auf den Lippen zum Kaiser-Friedrich-Turm. Was genau den Waldgängern begegnet, weiß niemand vorher, deshalb ist hohe Flexibilität eine wichtige Voraussetzung für diese Aufgabe. Neben einer guten Kondition und der Liebe zur Natur – auch bei schlechtem Wetter. »Ich bin in einer Spielstraße aufgewachsen, und wir waren immer draußen«, erinnert sich Christina Seeberger, die neben ihren Managementaufgaben gerne mit in den Wald geht, wenn eine Kollegin ausfällt oder besondere Aktionen anstehen. Sie lacht bei dem Gedanken an den Tag, als ihre Mutter sie auf dem Balkon mit der Gießkanne abduschen musste, weil sie von oben bis unten voller Schlamm war. Wer so aufgewachsen ist, den schrecken auch überraschende Wetterumschwünge oder unwegsames Gelände, krabbelnde Tiere und Pfützen auf Waldwegen nicht. »Damit muss man rechnen, aber wir haben natürlich unsere festen Wege und Haltestellen, an denen wir immer wieder frühstücken oder nachsehen, wie sich die Natur verändert hat.«

Eine solche Haltestelle ist das Schloss im Wald, das aus Baumstämmen und Ästen gebaut ist und in dem die Kinder Prinz und Prinzessin spielen können. Die Rollen werden durch farbige Umhänge gekennzeichnet, die neben Hängematten und anderen spannenden Dingen in einem Bollerwagen mit in den Wald gezogen werden. »Die Kinder erleben hier ganz andere Dinge als in einer klassischen Kita«, schwärmt Christina Seeberger. »Das heißt aber nicht, dass sie nicht genauso gefördert werden wie andere Kinder. Im Gegenteil. Ihr Erfahrungsschatz ist wesentlich größer.« Sie zeigt auf die Spiele in dem Regal des Forsthauses, das nun als Stützpunkt des Waldkindergartens dient. Da finden sich Spieleklassiker und Baumaterialien wie in anderen Kitas. Sie kommen bei extrem schlechtem Wetter oder während der Abholzeiten zum Einsatz oder dann, wenn die Kinder entscheiden, dass sie im Haus spielen möchten. Oft wird dieser Wunsch nicht geäußert, das Leben draußen ist einfach zu spannend. So spannend, dass es inzwischen zwei Besuchstage gibt, an denen interessierte Hagener nach Anmeldung an den Waldgängen teilnehmen können.

JOHANNITER-WALDKINDERGARTEN »DAS KLEINE FORSTHAUS«
IM DEERTH 1A
58135 HAGEN
WWW.JOHANNITER.DE/RUHR-LIPPE

21

Ein Leben für eine gerechtere Welt

Klaus Ehlers initiierte das Kulturzentrum AllerWeltHaus

Zusammen mit seiner Frau Inge hat Klaus Ehlers in den 70er-Jahren begonnen, sich für eine gerechtere und gesündere Welt einzusetzen, in der Menschen friedlich, tolerant und mit Achtung voreinander leben können. Aus dem gelegentlichen Verkauf im Dritte-Welt-Laden in Haspe 1977 entwickelte sich sein Engagement bis zur Gründung des *AllerWeltHauses*, wo er noch heute ehrenamtlich mitarbeitet.

Birgit Ebbert: Wann haben Sie begonnen, sich mit der gerechten Verteilung in der Welt zu beschäftigen?
Klaus Ehlers: In den 70er-Jahren begann ja die gesellschaftliche Diskussion über die ungleiche Verteilung der Ressourcen in der Welt. Man fing an, darüber nachzudenken, welche Hilfsmöglichkeiten der Einzelne hat. Daraus entstanden die Dritte-Welt-Läden, die man heute nicht mehr so nennt, um den Eindruck zu vermeiden, es gäbe mehrere Welten, von denen noch die eine besser sei als die andere. Die Mutter einer Schülerin, Gertrud Nehls, übrigens eine Frau, die sich sehr für Flüchtlinge in Hagen engagiert, kam auf mich zu. Sie fragte, ob ich nicht ein- oder zweimal im Monat im Dritte-Welt-Laden, der damals noch in Haspe war, helfen könnte.
Das klingt so, als wären Sie Lehrer gewesen. Was und wo haben Sie unterrichtet?
Ja, ich war Lehrer. Ich habe Englisch und Erdkunde unterrichtet und bin vor allem Lehrer geworden, weil ich den Unterricht besser machen wollte als die Lehrer in meiner Schulzeit. Die meiste Zeit habe ich am Christian-Rohlfs-Gymnasium in Haspe unterrichtet. Zum Referendariat war ich am Theodor-Heuss-Gymnasium und danach als Assessor an der Hildegardis-Schule.
Warum sind Sie von der Hildegardis zum CRG gewechselt? War Ihnen ein reines Mädchengymnasium zu anstrengend?
Mit den Schülerinnen bin ich gut zurechtgekommen. Aber die Schule war damals noch fest in der Hand von Ordensschwestern, und die waren von meiner Pädagogik nicht so überzeugt. Ich war Verbin-

Die Terrasse des AllerWeltHauses *lädt zum Verweilen ein*

dungslehrer für die Schülerzeitung und engagierte mich im Tutorensystem der Oberstufe, das passte zu wenig in ihr Konzept. Am Ende meiner Assessorenzeit meinte die Schulleiterin, ich könne mich an einer öffentlichen Schule besser verwirklichen.

Hatte sie recht?

Ich weiß nicht, was ich an der Hildegardis noch hätte bewegen können. Am CRG jedenfalls habe ich tolle Lehrer und Schüler kennengelernt und auch für mein Herzensthema einiges bewegen können. 1981 war ich sogar mit einer kleinen Schülergruppe in Bolivien. Nach meinem Einstieg in den Dritte-Welt-Laden habe ich mich verstärkt auch im Unterricht mit dem Thema beschäftigt und dann 1978 am CRG eine Arbeitsgruppe Entwicklungsländer initiiert. Als wir in der Mittelstufe Bolivien durchnahmen, damals das ärmste Land der Welt, obwohl es reich an Bodenschätzen ist, schlug ein Schüler vor, dorthin zu fahren.

Was haben Sie geantwortet?

Erst einmal habe ich natürlich die Idee gelobt und dann ausgerechnet, unter welchen Voraussetzungen sie zu realisieren wäre. Ich habe den Schülern erklärt, dass sie drei Jahre lang jeden Monat 100 Mark sparen müssten, um das Projekt zu verwirklichen.

Damit war das Projekt doch vermutlich abgehakt, oder?

Nein, nein. Die Schüler waren unglaublich kreativ. Sie haben sich zum Geburtstag und Weihnachten Geld gewünscht, Nebenjobs angenommen, und wir sind gemeinsam auf Trödelmärkte gefahren, um das Geld zusammenzubekommen. Wir haben sogar auf Flohmärkten alte Nähmaschinen gekauft, um sie dann auf anderen teurer wieder abzugeben. Als sich 1980 abzeichnete, dass das Geld reichen würde, habe ich mit der *Kindernothilfe* Kontakt aufgenommen und wir haben entschieden, in den Sommerferien 1981 nach Bolivien zu reisen. Vorher waren wir zur Probe einige Tage auf einer Berghütte in der Schweiz, um zu sehen, ob wir unter erschwerten Bedingungen miteinander zurechtkommen konnten. Fast wäre das Projekt dann doch noch gescheitert, weil es in Bolivien einen Putsch gab und nicht klar war, ob wir reisen konnten.

Drei Jahre sind eine lange Zeit, haben alle Schüler durchgehalten?

Leider nicht, aber das ist verständlich. Einige Schüler haben die Schule gewechselt, bei anderen haben sich die Prioritäten verschoben. So ist das eben. Am Ende waren es drei Schüler, mit denen wir die Reise durchgeführt haben.

Eine Reise, die Ihr Leben auf besondere Weise beeinflusst hat, nicht wahr?

Stimmt. Es ergab sich, dass wir in Bolivien einige Zeit in einem SOS-Kinderdorf verbracht haben. Das darf man sich nicht so vorstellen wie hier und heute. Das damalige Dorf bot den Kindern vor allem ein Dach über dem Kopf, eine individuelle Beschäftigung mit den Kindern gab es kaum. Meine Frau fand Zugang zu einem kleinen Mädchen, um das sich keiner kümmerte. In den wenigen Wochen, in denen sie dort war, ist es ihr so ans Herz gewachsen, dass wir entschieden haben, es zu adoptieren. So kamen wir auf ziemlich abenteuerliche Weise mit einem dritten Kind aus Bolivien zurück und haben diesen Schritt niemals bereut.

Apropos Rückkehr. Wartete in Hagen nicht auch der Dritte-Welt-Laden auf Sie?

Genau. Die nächsten Jahre waren ziemlich turbulent. Begonnen hatte der Laden im Evangelischen Gemeindehaus, aber wir haben bald ent-

Im Weltladen werden fair gehandelte Waren verkauft

schieden, dass wir mehr im Geschehen sein sollten. 1978 zogen wir in ein Gebäude der Stadt Hagen an der Kölner Straße, von dem klar war, dass es abgerissen werden würde. Von dort aus ging es an die Corbacher Straße, wo wir aber auch nur drei Jahre bleiben konnten. 1986 war dann der Umzug in die Bergstraße hinter dem Theater.

Wann ging es denn mit dem *AllerWeltHaus* los?

Ende der 70er-Jahre erfuhren wir, dass die Gebäude der Familie Kerkhoff an eine gemeinnützige Organisation vermietet werden sollten. Die Lage, nahe der Fußgängerzone und in Blickweite des Rathauses, war für uns optimal, und wir haben uns sogleich darum bemüht. Wir hatten Glück, dass die Kinderkrippe, die Interesse hatte, die Mittel für den sanitären Umbau nicht aufbringen konnte. So bekamen wir den Zuschlag. Ganz knapp übrigens, mit 26 zu 25 Stimmen im Rat. Sobald die Genehmigung vorlag, haben wir in vielen Stunden mit ehrenamtlichen Kräften zunächst den Laden und das Café eingerichtet. Die Räume oben waren anfangs nur von außen zugänglich, weil sie als Lagerraum gedient hatten. Da haben wir auf abenteuerliche Weise und mit einer gebraucht gekauften Treppe einen Zugang geschaffen. Inzwischen musste das Haus aufgrund neuer Brandschutzverordnungen renoviert werden, und in dem Zuge wurde natürlich auch die Treppensituation in Angriff genommen. Aber die Räume unten sind zum Teil noch so, wie wir sie damals vorgefunden und eingerichtet haben.

Hat sich Ihr Gedanke, hier mehr im Geschehen zu sein, bewahrheitet?

Auf jeden Fall. Vor allem mit dem Park hier, den die Stadt hat schön gestalten lassen und der Nachbarschaft zum Haus der Kinder. Hier ist immer etwas los und es kommen viele, um im Café *Mundial*, dem

Bistro im *AllerWeltHaus*, ihre Mittagspause zu verbringen. Anfangs war es etwas schwierig, weil hier im Park viele Oi!-Skins herumhingen, die meinten, das sei ihr Park, und haben Scheiben eingeworfen.

Wie haben Sie das hinbekommen?

Wir haben sie angesprochen und festgestellt, dass wir doch letztlich das gleiche Ziel haben, die Gesellschaft zu verbessern. Jeder mit seinen Mitteln. Das hat sie wohl überzeugt, kurz darauf waren sie verschwunden. Aber das ist schon lange her. Heute ist es hier gemütlich, vor allem im Sommer, wenn man draußen auf unserer Terrasse sitzen kann.

Wie muss ich mir die Aktivitäten hier im *AllerWeltHaus* vorstellen?

Es gibt drei Bereiche: den Weltladen, die Kultur und das Café. Im Weltladen werden Lebensmittel, Spielzeug, Kleidung und Dekoartikel aus fairem Handel verkauft. Der kulturelle Bereich führt Ausstellungen, Lesungen und Konzerte durch, und das Café *Mundial* wirkt mit seiner vegetarisch-veganen Esskultur auch über die Stadtgrenzen hinaus. Vor allem aber: das *AllerWeltHaus* ist ein beliebter Treffpunkt für viele Ökologie- und Friedensgruppen in Hagen.

Da haben Sie ja einiges erreicht, gibt es noch eine Vision, die Sie heute umtreibt?

Sie haben recht, es hat sich viel getan, und heute ist das *AllerWeltHaus* so etwas wie ein zweites Zuhause, nicht nur für mich und meine Frau. Aber wir haben tatsächlich noch einen Traum. Wir würden hier im Park gerne *Urban Gardening* realisieren, einen Nutzgarten also, um den sich die Bevölkerung kümmert, und in dem jeder ernten kann.

ALLERWELTHAUS
POTTHOFSTRASSE 22
58095 HAGEN
WWW.ALLERWELTHAUS.ORG

22 Wo man Kreativität leben und erleben kann

Uwe Lex spricht für das Kunst- und Atelierhaus

In Sichtweite zum Kunstquartier befindet sich das Atelier des Hagener Künstlers Uwe Lex. Wann immer er Zeit findet, arbeitet er dort an Werken, die mal auf fantastische, mal auf realistische Weise, immer aber mit einem Schuss Ironie die Welt widerspiegeln und den Betrachter zur Stellungnahme auffordern.

Schon immer haben Uwe Lex Bilder und Kunstwerke interessiert. Mit 15 hat er begonnen, sich intensiv mit der Materie zu beschäftigen und die ersten Zeichenkurse besucht. Was er während einer Handwerksausbildung am Rande mitbekam, hat er in der *Freien Malschule im Hagenring* bei Hellwig Pütter und Helga Haase vertieft.

Mit den ersten Einzel- und Gruppenausstellungen Ende der 80er-Jahre nahm die Kunst dann immer mehr Raum in seinem Leben ein. Heute ist er freischaffender Künstler, auch wenn er gelegentlich in seinem erlernten Beruf als Tischlermeister arbeitet. »Derzeit ist es nicht leicht, nur von Kunst zu leben«, sagt er. In wirtschaftlich schweren Zeiten wird auch in Unternehmen zuerst an der Kunst gespart. Das erlebt er täglich, wenn er sich mit Mitgliedern des Kunst- und Atelierhauses austauscht, das er mit gegründet hat und dessen Vorsitzender er heute ist. Seit 2007 bietet das ehemalige Hotel Danne Künstlern ein Atelierzuhause. In 24 Räumen arbeiten Künstler ganz unterschiedlicher Stilrichtungen. Das macht einen Besuch des Kunst- und Atelierhauses zu einem ganz besonderen Erlebnis. Man weiß nie, welche Türen geöffnet sind und wen man dort trifft, was aber auch wieder den Reiz des Hauses ausmacht, das sich der Förderung der freien Kunst verschrieben hat.

KUNST- UND ATELIERHAUS HAGEN E. V.
HOCHSTRASSE 76
58095 HAGEN
WWW.KAH-HAGEN.DE

23 Die Hagener Prinzessin der Herzen

Nicole Völkel wohnt im Denkmalhaus am Harkortsee

Wie der Hase beim Wettstreit mit dem Igel, kann man in Hagen gewiss sein, dass Nicole Völkel, geborene Tenne, dort ist, wo man hinschaut. Ihre Ehrenämter kann sie selbst kaum noch zählen, aber es sind einige, und auch ohne Amt springt sie ein, wenn Not an der Frau ist, und verlässt ihr schönes denkmalgeschütztes Haus am Harkortsee. Ob Sportverein oder *Muschelsalatretter*, Aidshilfe oder Kindergarten oder … – wer Hilfe braucht, wählt Nicole Völkels Telefonnummer, und sie ist zur Stelle.

Birgit Ebbert: Wie kommt es, dass Sie in so vielen Vereinen und Institutionen aktiv sind?

Nicole Völkel: Das bleibt nicht aus, wenn man in Hagen aufgewachsen ist und dazu noch fünf Kinder um sich hat. Da ist immer jemand, der Unterstützung benötigt, und dann ist man eben da. Ich finde es wichtig, dass man sich für die Gesellschaft engagiert und dies seinen Kindern vorlebt. Wie kann ich erwarten, dass sie die Möglichkeiten in unserer Stadt kennen, wenn ich es ihnen nicht vermittle?

Was ist es, das Sie an Hagen fasziniert?

Das kann ich nicht sagen, ich bin hier so stark verwurzelt, dass ich mir nicht vorstellen kann, woanders zu leben. Es ist schön, die Menschen zu kennen und bei jedem Straßennamen gleich ein Bild vor Augen zu haben.

Kennen Sie wirklich jede Straße?

Vielleicht nicht jede, aber ich war stets viel in der Stadt unterwegs. Aufgewachsen bin ich in Altenhagen, mein Aktionsradius reichte von der Altenhagener Brücke bis zum Hexenteich und zum Güterbahnhof. Als ich dann auf die Gesamtschule Helfe ging, bin ich oft mit dem Bus gefahren, zu Freundinnen in anderen Stadtteilen oder manchmal nur so, um die Stadt anzuschauen. Und als Mutter habe ich die Kinder zu Fußballspielen oder Auftritten als Funkenmariechen gefahren.

Funkenmariechen ist ein gutes Stichwort. Sie gehören in Hagen zu den bekennenden Jecken und waren auch einmal Karnevalsprinzessin. Davon berichten die Leute noch heute. Wann war das?

Am Harkortsee ist jeder Tag für Nicole Völkel wie Urlaub

Das war in der Session 2010/2011. Da war mein Mann Karnevalsprinz, und ich war Prinzessin. Normalerweise müssen die Prinzessinnen nicht viel mehr tun als winken und lächeln. Dann wurde mein Mann in der laufenden Session krank, sodass er manche Auftritte nicht wahrnehmen konnte. Das war für alle komisch. Ich musste plötzlich Reden halten, und die Leute waren es natürlich gewohnt, dass ein Prinz an erster Stelle steht.

Was ist reizvoll daran, Karnevalsprinz oder -prinzessin zu sein? Ist das nicht furchtbar anstrengend?

Anstrengend ist das, keine Frage. Man ist ja nicht nur auf einer Prunksitzung oder beim Rosenmontagszug, sondern bei den Sitzungen aller Karnevalsvereine und hat Treffen mit Prinzenpaaren aus anderen Städten. Es gibt bestimmte Abläufe und Traditionen, die eingehalten werden müssen. Aber ich habe die Zeit als Chance empfunden, interessante Menschen kennenzulernen und etwas für Hagen zu tun. Deshalb hatten wir auch das Motto gewählt: »Ob Sport, Kultur und Karneval, Hagener Jecken sind immer am Ball.« Wir wollten auf das hinweisen, was für uns die Stadt ausmacht.

Sport und Kultur sind Bereiche, die Sie besonders interessieren, oder?

Ich interessiere mich eigentlich für alles. Sport war für mich von klein auf wichtig, damals habe ich Fußball gespielt beim *TSV 1860*, dort gab es eine Mädchenmannschaft, die leider irgendwann mangels Spielerinnen geschlossen wurde. Sonntags bin ich mit meiner Schwester zur Ischelandhalle gelaufen, um beim Handball zuzuschauen, während meine Mutter meinte, wir wären in der Kirche. Und Kultur finde ich wichtig. Als die *Muschelsalatretter* Unterstützung brauchten, um das Kulturprogramm *Muschelsalat* vor dem Aus zu bewahren, war ich eben dabei. Oft ergeben sich aus dem einen Projekt neue Kontakte.

Was zum Beispiel?

Die Sache mit den Filmen. Ich wirke gelegentlich in Fernseh- oder Spielfilmen als Komparsin mit. Der Kontakt ist entstanden, als man für den Film *Hangtime* über den Basketballklub *Phoenix Hagen* Statisten als Publikum brauchte. Ich habe mich gleich gemeldet, wenn ich etwas für Hagen tun kann, mache ich mit. Dann saßen wir Stunde um Stunde, weil wiederholt werden musste. Dabei kam ich mit der Geschäftsführerin der Casting-Agentur ins Gespräch, und seitdem ist meine halbe Familie samt dem Hund meiner Schwester in der Kartei.

Ihr Haus am See könnten Sie auch in die Kartei aufnehmen lassen. Das eignet sich bestimmt prima als Filmkulisse, oder?

Der ganze Harkortsee ist eine einzige Filmkulisse, da braucht man unser Haus nicht. Aber es ist spannend, in einem denkmalgeschützten Haus zu leben. Es soll sogar einen Gang zum Wasserschloss Werdringen geben, den der Verwalter genutzt hat, um unerkannt zu seiner Herrschaft zu gelangen. Bisher haben wir den Gang nicht gefunden, aber 18 Reichspfennig. Ich lasse mich überraschen, was noch zum Vorschein kommt.

DENKMALGESCHÜTZTES HAUS
AM HARKORTSEE
IM HAFEN BAUKEY
BAUKEY 1
58089 HAGEN

Der Wochen|kurier.
Ein Stück Heimat.
Kompetenz und Einsatz für Ihren Erfolg!
IRISH CELTIC
28.08.15
LWL-Freilichtmuseum HAGEN

24 Zwischen Stadtgeschichte und Local News

Michael Eckhoff rettete die Harkortsche Fabrik

Einer, der wie kaum ein anderer Hagen und seine Besonderheiten verinnerlicht hat, ist Michael Eckhoff. »Bereits als Kind habe ich begeistert den Hagener Stadtplan gelesen«, erinnert er sich und erzählt schmunzelnd von der Karte, die er als Neunjähriger von seinem Taschengeld gekauft hat und die noch immer zu Hause wohlbehütet in seinem Schrank liegt. Etwas zerfleddert zwar, aber doch so gut erhalten, dass er leicht anhand der Karte den Wandel der Stadt erläutern könnte. »Ich vermute, dass ein Hagen-Plan, der im Büro meines Vaters hing, der Ursprung war für dieses Faible.« Aber auch sein Großvater hat ihn mit seiner Begeisterung für die Stadt im Allgemeinen und für Hagen im Besonderen angesteckt, weil er ihn früh auf Streifzüge durch die Stadt mitgenommen hat.

Das ist ihm so nachhaltig gelungen, dass Michael Eckhoff als Junge nicht wie andere aus Bausteinen beliebige Türme gestapelt, sondern mit Bauklötzen und *Wikingautos* Ortsteile nachgebaut hat. Den *Wikingautos*, von denen er eine stattliche Sammlung besaß und die er im Modellbau-Laden Pelzer kaufte, der noch heute an gleicher Stelle in der Potthofstraße residiert. Manche Dinge haben sich eben nicht verändert, seit er begonnen hat, sich mit Hagen zu befassen.

Lange Zeit wollte Michael Eckhoff Geografie studieren. Die Struktur von Karten übt auf ihn seit jeher eine geradezu magische Anziehungskraft aus. »Ich konnte und kann mich stundenlang mit einer Karte beschäftigen.« Aus dem, was für andere Linien, Striche und Punkte sind, entsteht vor seinem inneren Auge ein Bild, das ihm ermöglicht, sich in Städte hineinzudenken, die er nur von Stadtplänen kennt.

Neben Stadt- und Landkarten las Michael Eckhoff als Kind und Jugendlicher gerne Lexika und die Tageszeitung. »Seit ich lesen kann, habe ich Zeitungen verschlungen, und wenn es Ereignisse gab, die Einfluss auf die Landkarten hatten – etwa die Bildung neuer Staaten, habe ich die in meinen Schulatlas eingezeichnet.« Wer nun denkt, er sei als Junge ein Stubenhocker gewesen, der irrt gewaltig. Neben

In der Villa Post gab Michael Eckhoff die ersten Kurse über den Hagener Impuls

dem Tagesgeschehen interessierten Michael Eckhoff in der Montagszeitung besonders die Neuigkeiten aus der Fußballwelt. Sobald er aus der Schule kam, studierte er die Bundesliga-Ergebnisse vom Wochenende und prüfte, wie sein Verein, *Borussia Dortmund*, abgeschnitten hatte. »Dortmund war schon in den 60er-Jahren ein toller Verein.« Er erinnert sich spontan daran, dass Borussia Dortmund die erste deutsche Mannschaft war, die im »Wunder von Glasgow« den Europapokal holte. Das war 1966, als Hans Tilkowski im Tor stand und Lothar Emmerich auf Linksaußen spielte. »Lothar Emmerich war mein großes Vorbild, sein Einfluss reichte so weit, dass ich bis heute nur mit Links Fußball spielen kann.« Viele Jahre hat er in Haspe gespielt, ehe er die Seiten wechselte und als Schiedsrichter in so manchem Spiel für Struktur und Fair Play sorgte.

Michael Eckhoff ist Mitte der 50er-Jahre in Hagens Schmuckkästchen, dem Hohenhof geboren, der Villa des Hagener Kunstmäzens Karl Ernst Osthaus, in der von 1945 bis 1960 eine Frauenklinik untergebracht war. So mancher Hagener hat dort den ersten Schrei getan, für wenige aber hat der Hohenhof im späteren Leben eine so zentrale Bedeutung wie für Michael Eckhoff.

Schon im zweiten Semester seines Studiums der Geschichte, Kunstgeschichte und Philosophie an der Ruhruni Bochum stellte er fest, dass die Hagener viel zu wenig über die Architektur aus der Zeit von Karl Ernst Osthaus wussten. Und plötzlich sah er sich mit Anfang 20 als Leiter eines VHS-Seminars über die Architektur der Karl-Ernst-Osthaus-Ära. »Das war spannend, weil einige Teilnehmer dabei waren, die am Stirnband lebten.« In den Häusern jener Künstlerkolonie also, die zum *Hagener Impuls* zählt und sich in unmittelbarer Nähe des Hohenhofs befindet. Natürlich war auch der Hohenhof ein Thema, und als der Wunsch geäußert wurde, ihn zu besichtigen, versprach Michael Eckhoff in seiner studentischen Unbekümmertheit, das in die Hand zu nehmen. Kein leichtes Unterfangen, wie sich zeigte, denn inzwischen war die Frauenklinik längst ausgezogen, und auch die Pädagogische Hochschule, die anschließend dort angesiedelt war, hatte sich aufgelöst. Keiner fühlte sich zuständig für die Osthaus-Villa. »Aber ich habe es geschafft!« Dank guter Beziehungen und kleiner Tricks ist es ihm gelungen, seine Gruppe in den Hohenhof zu leiten. Seither hat er so viele Besucher dort durchgeführt, dass er auch im Schlaf durch die Räume streifen könnte.

Schon während des Studiums und einer Tätigkeit am Lehrstuhl für Wirtschafts- und Technikgeschichte hat Michael Eckhoff für die Westfälische Rundschau und den Wochenkurier geschrieben. Irgendwann ergab es sich, dass er hauptberuflich in die Redaktion des Wochenkuriers wechselte.

An seinen ersten Artikel erinnert er sich gut. Das war ein Sportbericht für die Westfälische Rundschau. Später spielten insbesondere Kunstkritiken eine immer größere Rolle – vor allem für Rundschau-Ausgaben im Lennetal.

Mit regelmäßigen Besuchen von spannenden Kunstausstellungen irgendwo im Sauerland ist die Tätigkeit in Hagen heute nicht mehr verknüpft. Aber dafür gibt es hier für jemanden mit einem Faible für Kunst- und Technikgeschichte so vieles zu erleben und zu entdecken, dass der Alltag nie eintönig wird. Für Langeweile ist im Leben von Michael Eckhoff ohnehin kein Platz. Wenn er nicht für die Redaktion unterwegs ist, führt er sicher gerade Hagener oder Touristen als Stadtführer durch die Stadt, forscht und tagt oder arbeitet an einer der Hagener Veröffentlichungen, für die er verantwortlich ist. Schließlich ist er Redakteur unter anderem auch des jährlich erscheinenden Hagen-Buchs und seit über 25 Jahren der Hasper Kirmeszeitung. Viele Menschen sehen ihn ohnehin als Hasper an. »Dabei bin ich in der Innenstadt aufgewachsen«, erklärt er. Aber er hat in Haspe das Ernst-Meister-Gymnasium besucht und über diesen Stadtteil auch sein erstes Heimatbuch geschrieben.

Der Kirmesbauerbrunnen als Symbol für die Hasper Kirmes

Neben der Stadt- und Architekturgeschichte zieht sich die Kunst durch das Leben von Michael Eckhoff. »Ich habe immer nach Wegen gesucht, Kunst den Menschen nahezubringen«, erzählt er. »Lange Jahre habe ich mit Freunden in Altena die Ausstellungen für die städtische Galerie organisiert.« Er schmunzelt bei dem Gedanken, dass man ihn in den 80er-Jahren als »Feminist« beschimpft hat, weil in der Galerie regelmäßig mehr Frauen als Männer ihre Werke zeigen durften. Schon damals ging er innovative Wege, die Ausstellungen zum Beispiel waren immer mit einer Talkrunde verbunden, in der die Künstler zunächst ihm als Moderator und später dem Publikum Rede und Antwort standen. Auch wenn die Arbeit im Sauerland spannend war, die Highlights seiner Tätigkeit in der Kunstvermittlung waren immer wieder Projekte mit der Volkshochschule Hagen. So gab es zum Beispiel eine Veranstaltung, in der Blinde im *Osthausmuseum* Kunstwerke kennenlernen durften – durch Befühlen.

Fast alles, was Michael Eckhoff tut, hat irgendwie mit Hagen zu tun. Man merkt, dass er hier nicht nur aufgewachsen ist, sondern die

Stadt mit ihren Besonderheiten verinnerlicht hat. Ein bisschen schade findet er es, dass noch nicht jeder Hagener diesen Blick auf seine Stadt hat, was vielleicht an der Grundskepsis liegt, die dem Hagener zu eigen ist. Aber er wird nicht müde, den Bürgern die schönen und geschichtsträchtigen Seiten ihrer Stadt zu vermitteln. Ob als Chefredakteur beim Wochenkurier oder als Stadtführer, als Vorsitzender des Heimatbundes oder als Herausgeber des Hagen-Buches – Michael Eckhoff lässt keine Gelegenheit aus, auf die offensichtlichen und verborgenen Schätze Hagens zu verweisen, was ihm 2015 das Amt des »Stadtheimatpflegers« einbrachte. In dieser Funktion kann er sich als Sprecher aller Vereine, die sich mit Aspekten der Denkmal- und Brauchtumspflege beschäftigen, noch besser als bisher dafür einsetzen, dass die Besonderheiten Hagens stärker ins Bewusstsein dringen. Das nötige Know-how dafür hat er sich während des Studiums und danach angeeignet. Vor allem die Geschichte der Eisenbahnindustrie hat ihn lange Jahre fasziniert, weil dieser Aspekt sowohl in der Industriegeschichte des Ruhrgebiets als auch Hagens lange Zeit zu wenig Beachtung gefunden hat. Dabei haben Hagener Fabriken und Pioniere einen wesentlichen Beitrag zur Entwicklung der Eisenbahn geleistet. »Hagen war einer der mitteleuropäischen Mittelpunkte der Eisenbahnzulieferindustrie, das weiß kaum jemand«, ärgert er sich, dabei hat er so manchen Beitrag dafür geleistet, dass in Hagen Spuren jener Zeit zu finden sind. Unter anderem, indem er dafür gesorgt hat, dass die Harkortsche Fabrik in letzter Minute vor dem Abriss bewahrt und unter Denkmalschutz gestellt wurde.

HARKORTSCHE FABRIK
GRUNDSCHÖTTELER STRASSE 6
58135 HAGEN

25

Mit Knochenleim aufs Siegertreppchen

Kathi Annertzok und Tanja Kioschis
am Ricarda-Huch-Gymnasium

Für viele ist Chemie ein Fach, auf das sie gut verzichten könnten. Nicht so für Kathi Annertzok, Tanja Kioschis und Melina Vogrig, die in der zehnten Klasse die Idee hatten, sich gemeinsam mit einem Chemie-Beitrag bei *Jugend forscht* zu bewerben. Für Tanja war das nichts Neues, bereits in der fünften Klasse hatte sie einen Sonderpreis in ihrer Altersklasse eingeheimst. Damals wollte sie wissen, warum ihre Apfelschorle nach einer Woche in der Sporttasche so komisch schmeckte, fünf Jahre später interessierte sie, weshalb Klebstoff eigentlich klebt. »Die Idee hatte unsere Freundin Melina, die immer so interessante Fragen stellt«, erklären die beiden Abiturientinnen.

Melina Vogrig war es auch, die sie auf die Spur ihres späteren Siegerbeitrags brachte. Sie hatte auf dem Flohmarkt ein 100 Jahre altes Drogisten-Handbuch gefunden. Als die Schülerinnen darin blätterten, entdeckten sie das Rezept für Knochenleim. Damit stand das Thema fest. Von da an wurde stundenlang gewerkelt und gebastelt, experimentiert und beobachtet, um herauszufinden, wie es mit der Beschaffenheit des Knochenklebstoffs aussieht. All die Mühe, die die Teenager, unterstützt von ihrem Chemielehrer, auf sich genommen haben, hat sich am Ende gelohnt. Auf Regionalebene schafften sie es nach ganz oben auf das Siegertreppchen. Sehr zur Verblüffung manch anderer Teilnehmer. »Eine Gruppe Männer hat sich die ganze Zeit über uns lustig gemacht und erklärt, wir hätten sowieso keine Chance«, beschreiben die beiden den Tag der Auswertung. Am Ende hatten es jene Konkurrenten nicht unter die ersten drei geschafft. »Ich habe die extra angeschaut, als wir den Preis bekommen haben«, verrät Tanja.

Man kann sich kaum vorstellen, dass die beiden sich von den anderen Teilnehmern haben einschüchtern lassen. Sie haben klare Vorstellungen, wie ihre Zukunft aussehen könnte, und einige Ideen, was sich in der Schule verbessern ließe. Wichtig ist beiden vor allem, dass in der Schule nicht nur Wissen vermittelt, sondern Talente entdeckt und gefördert werden. »Ich kam nach der zehnten Klasse von der

Blick vom Pausenhof des Ricarda-Huch-Gymnasiums

Realschule aufs Gymnasium und war überrascht, dass es Wettbewerbe wie *Jugend forscht* gibt«, erzählt Kathi Annertzok und findet, dass solche Informationen besser gestreut werden sollten. Tanja Kioschis geht noch weiter. »Lehrer sollten Schüler gezielt darauf ansprechen und fördern. Es gibt Schulen mit speziellen AGs, in denen Schüler auf *Jugend forscht* vorbereitet werden.« Dabei haben sie nicht nur die naturwissenschaftlichen Fächer im Blick. Tanja Kioschis, die früher selbst getanzt hat, mit Kindern heute Filme dreht, die schon Preise gewonnen haben, und Kathi Annertzok, die Klavier spielt, zeichnet und jede Gelegenheit nutzt, um kreativ zu sein, haben realistische Ideen. »Man könnte die Musikinstrumente der Schule in Freistunden zur Verfügung stellen, dann würde man die Zeit sinnvoll nutzen.« Dass die beiden keine Minuten vergeuden möchten, ist kein Wunder. Ihre Freizeit ist gespickt mit Beschäftigungen. Kathis Leidenschaft sind *Anime* und *Cosplay*, das heißt, sie verkleidet sich im Stil ihrer Lieblingsfiguren und tüftelt mithilfe ihres Schwagers oft tagelang daran herum, ein Accessoire nachzubauen. Wie genau sie das macht, verrät sie in ihrem Blog – in deutscher und englischer Sprache natürlich, schließlich machen *Animes* nicht vor Nationengrenzen halt. Auch Tanja nutzt das World Wide Web, um ihre Erlebnisse zu dokumentieren.

Begonnen hat sie damit, während eines Aufenthaltes in den USA, als sie ihre Beobachtungen in einem eigenen Video-Blog auf YouTube ihren Freunden und der Familie mitgeteilt hat – und natürlich den *Monkeys*, einer Kinder- und Jugendgruppe, in der sie sich seit ihrem zehnten Lebensjahr engagiert. Damals hatte die heute 18-Jährige die Idee, sich für krebskranke Kinder einzusetzen. Während andere Mädchen darüber nachgedacht und dann weitergespielt hätten, ist Tanja zur Tat geschritten. Mit ihren Freundinnen wurde sie beim Kinderschutzbund vorstellig und organisierte Flohmärkte, um Spenden zu sammeln. »Ich habe bei der Stadt angerufen und gefragt, wie alt man sein muss, um eine Erlaubnis für den Verkauf vor Thalia zu beantragen. Die Frau meinte, es gäbe keine Altersbeschränkung und dann habe ich die Genehmigung bekommen«, erzählt Tanja Kioschis zufrieden. Sie hat allen Grund zufrieden sein, ist sie doch das letzte *Hagener Helferkid*, das sich noch in dieser Gruppe engagiert und sowohl Spenden für den Kinderschutzbund sammelt, als auch mit den krebskranken Kindern aktiv etwas unternimmt. Filme drehen zum Beispiel, wenn sie nicht gerade in der Aula des Ricarda-Huch-Gymnasiums sitzt und Klausuren schreibt oder auf dem Schulhof neben einem Werk aus dem Kunstunterricht zusammen mit Kathi auf die Ergebnisse der Abiprüfung wartet und über ihre Pläne für die nahe und ferne Zukunft philosophiert.

RICARDA-HUCH-GYMNASIUM
VOSWINCKELSTRASSE 1
58095 HAGEN
WWW.RHGYM-HAGEN.DE

26 Zwischen Fell- und Werbetrommel

Rolf Möller sorgt für Action in Hagen und auf der Springe

Wer sich mit der Hagener Musikszene vertraut machen will, trifft unweigerlich immer wieder auf Rolf Möller. Als Schlagzeuger von *Extrabreit, Grobschnitt* und *Green* hat er in den 80er- und 90er-Jahren die größten Erfolge und Abenteuer erlebt. Heute ist er noch mit den *Breiten* und anderen Bands auf Tour, organisiert Konzerte in Hagen und darüber hinaus und sorgt unter anderem mit dem *Springefest* und *Hagen Total* für Eventhighlights in der Stadt.

Birgit Ebbert: Wie bist du zur Musik gekommen?

Rolf Möller: In meiner Jugend gab es nur zwei Alternativen cooler Freizeitgestaltung: Sport oder Musik. Ich habe mich für die Musik entschieden, ein Lehrer fand im Keller Trommeln seines Opas, eines Mitglieds vom Hagener Stadtorchester, das war der Einstieg.

Was hielten deine Eltern davon?

Mit meinen Eltern gab es keine Probleme, die waren froh, dass ich mich musikalisch beschäftigte und nicht herumlungerte. Aber eine Nachbarin war wenig begeistert davon, dass ich gelegentlich auf der Veranda übte. Eines Tages hat sie die Polizei gerufen, und diese hat das Schlagzeug beschlagnahmt. Mein Vater musste es auf der Wache wieder auslösen.

Wer hat dich ermutigt, mehr aus der Musik zu machen?

Am meisten inspiriert hat mich der Künstler Oskar Sommer. Ich habe ihn kennengelernt, als ich für meinen Vater, der eine Handlung für Künstler- und Malerbedarf hatte, Waren auslieferte. Unter anderem brachte ich eines Tages Leinwand und Farbpigmente in das Atelier von Oskar Sommer und war gleich fasziniert von dem künstlerischen Boheme-Flair, das dort herrschte. Alles war irgendwie anders als bei uns zu Hause, wie getrieben vom Geist der Kreativität. Ich wusste, das wollte ich auch erleben und leben. Es entwickelte sich eine große Freundschaft mit ihm, er bestärkte mich darin, etwas aus meiner Musik zu machen.

Wie kam es zu der ersten Band?

Die ersten Auftritte von Rolf Möller fanden in der Tanzschule Siebenhüner statt

Kaum war das Schlagzeug aufgebaut, fing ich an, mit meinem Kindergartenfreund Stefan, er mit Akustikgitarre, und Radio-Verstärker zu proben. Dann haben wir mit Namen *Staub* die erste Punkrockkapelle in Hagen gegründet. Unseren ersten Auftritt hatten wir 1970 in der CVJM-Baracke der Evangelischen Kirche auf Emst, aber auch in der Tanzschule Siebenhüner und bei der Weihnachtsfeier des *SC Concordia* sind wir aufgetreten. Wir haben erst einmal nur Musik ohne Gesang präsentiert, weil wir noch keinen Sänger und keine Gesangsanlage hatten. Die haben wir uns wie die Instrumente erst nach und nach vom Taschengeld zusammengekauft, erst bei Otto Schade, dem Musikalienhändler gegenüber der heutigen Volmegalerie, dann später bei Pommerin am Bahnhof, der Laden wurde geführt von den *Grobschnitt*-Musikern.

Apropos *Grobschnitt*, noch eine Band, bei der du auch mitgemacht hast. Hast du einen Überblick, mit welchen Bands du auf der Bühne gestanden hast?

Da waren *Staub*, *Stainless*, *Extrabreit*, *Grobschnitt* und noch ein paar andere. *Green* nicht zu vergessen! Ich war nicht in allen Bands gleichzeitig. Nach den ersten wilden Jahren in den 80ern gab es eine Pause bei *Extrabreit*, und durch Zufall landete ich bei *Grobschnitt*. Als dessen damaliger Drummer während einer Tour eine Sehnenscheidenentzündung bekam, bin ich für ihn eingesprungen.

Wie war das mit der *Extrabreit*-Pause?

In den 80ern hatten wir eine künstlerische kleine Pause. Jeder machte sein Solo-Ding. Wieder durch Zufall habe ich Anfang der 90er mitbekommen, dass unsere alte Plattenfirma ein »Best of Album« auf den Markt bringen wollte, und habe gefragt, ob sie Interesse hätten, wenn wir das live unterstützen würden. Die waren natürlich begeistert. Als Testballon haben wir eine Tour mit rund 15 Terminen geplant, um zu sehen, ob es genügend Potenzial an Fans gibt, die auf unsere Konzerte kommen. Das war der Hammer. Wir hatten schon erwartet, dass wir in jeder Stadt noch zwischen 300 und 500 Fans zusammenbringen. Danach habe ich die Hallen ausgesucht, in Hannover gab es eine richtig große Halle, die dann eben gebucht wurde. Und an dem Konzerttag wunderten wir uns über die Geräuschkulisse, die nach mehr als 500 Besuchern klang. Als wir raus sahen, warteten über 3.500 Besucher darauf, dass es losging. Das war für uns natürlich das Signal, erneut weiterzumachen.

Keine schlechte Entscheidung, wenn man sich anguckt, was euch danach erwartet hat. Wer kann schon von sich sagen, mit Stars wie Harald Juhnke oder Hildegard Knef aufgetreten zu sein. Wie kam es dazu?

Wir hatten auf der ersten LP den Song *Flieger, grüß mir die Sonne* von Hans Albers in unserem Stil gecovert. Das kam so gut an, dass wir uns an *Für dich soll's rote Rosen regnen* wagen wollten. Also haben wir über das Management Hildegard Knef kontaktiert und ein Demo gesendet. Wir dachten schon, da käme nichts mehr, bis jemand anrief, dass die Knef uns kennenlernen wollte. Ich weiß noch genau, das war in einem noblen Hotel in Stuttgart. Als wir damals in Lederjacken mit langen Haaren reinkamen und an der Bar Platz nahmen, sahen uns alle verwundert an. Dann trat Hildegard Knef in ihrem Glitzerkleid aus dem Aufzug, und es war schlagartig still in der Lobby. Das war der Beginn einer wunderbaren Beziehung, wir duzten uns sofort und waren für Hilde »ihre Jungs«. Das war schon beeindruckend, mit ihr zusammenzuarbeiten.

Wie kann man denn nach solch einem Erlebnis im Alltag weitermachen? Schwebt man nicht ständig in anderen Sphären?

Das hat mit Alltag nichts zu tun. Es ist halt ein Job, den man ausfüllt, als Musiker wie auch als Veranstalter. Ich habe eine Ausbildung als Groß- und Einzelhandelskaufmann und habe den Betrieb meines Vaters weitergeführt, bevor ich mich komplett für das Musikbusiness ent-

Rolf Möller mit Green *beim* Springefest

scheiden musste. Auf zwei Hochzeiten tanzen, geht nicht. 1995 habe ich die Veranstaltungsagentur *Büro der Realisation* gegründet. Unter anderem haben wir 1995 *Hagen blüht auf* konzipiert und organisiert, 1998 das *Springefest* ins Leben gerufen und 1996 das erste und einzige Gastrofestival in Hagen organisiert, das leider nie wieder zustande kam.

Was war daran so besonders?

Wir haben damals vom Zirkus Althoff ein Sechsmastzelt gemietet. Das war so groß, dass man zugleich eine bestuhlte Manege und einen fünf Meter Rundumlauf für die Gastronomie hatte. Eine einmalige Sache, auch wenn wir Blut und Wasser geschwitzt haben, bis das Zelt im Volkspark stand. Die Körnerstraße musste für die Aufbauten teilweise gesperrt werden, und die Baumschutzbeauftragte der Stadt hat argusäugig auf die Bäume, speziell die sehr alte Rotbuche, geschaut, die in dem Park stehen und nicht beschädigt werden durften.

Da habe ich wohl einiges verpasst, ehe ich nach Hagen gezogen bin.

Auf jeden Fall. Hier war im Veranstaltungsbereich und musikmäßig immer was los, für alle Altersgruppen. Einige Jahre haben wir für ältere Menschen einen *Sommergarten* an der Konzertmuschel organisiert, da gab es sonntags Konzerte von Volksliedern bis zu klassischer

Musik. Das *Seegeflüster* natürlich und *Rock im Park – umsonst und draußen*. Ab 1996 leiteten wir das Veranstaltungsmanagement der Berlet Halle und von *Tor 2* und organisierten viele Shows mit namhaften Künstlern aus der Musik-, Comedy- und Kabarett-Szene.

Das hört sich an, als wäre Hagen eine Stadt mit einer echten Musikszene.

Das war Hagen auf jeden Fall. Allein, wer alles aus Hagen kommt, Nena, die Humpe-Schwestern aus Herdecke, Mousse T. Ich könnte eine ganze Liste aufzählen. Und dann noch diejenigen, die hinter den Kulissen den Musikmarkt mit bewegen. Manager der Musikszene, Studios, Musiker und mittlerweile sehr erfolgreiche Produzenten im Film- und Fernsehgeschäft. Es ist schade, dass das so wenig werblich nach außen getragen wird. Eigentlich müsste ein Ausstellungsraum her, in dem man die Hagener Musikgeschichte von früher bis heute präsentiert.

Aber einiges, was du initiiert hast, gibt es ja noch, oder?

Wie das so ist, manche Dinge bekommen eine Eigendynamik. *Hagen blüht auf* wird heute von der Hagenagentur mit organisiert, der *Muschelsalat* ist beim Kulturbüro, die *Fernuniparty* und das *Seegeflüster-Festival* waren auch immer große Events, die ich mit kreieren durfte. Aber das Highlight ist das *Springefest*. Es findet 2015 zum 18. Mal statt, und ich bin immer wieder mit von der Partie. Das ist jedes Jahr unser Hagener Stadtfest, man trifft sich mit guten Freunden auf der *Springe* und genießt das Leben bei gutem Essen, leckeren Drinks und jeder Menge toller Musik. Es gäbe noch so viele Geschichten aus Hagen und dem Musikerleben zu erzählen, vielleicht demnächst in einem Buch. Hagen rockt auch weiterhin!

SPRINGE
58095 HAGEN
WWW.58EVENT.DE

27 Zwischen Abend-Show und Business-Event

Jörn Raith entwickelt und managt die Stadthalle Hagen

Ein Gang durch die Hagener Stadthalle im Wasserlosen Tal lässt einen sofort erahnen, dass hier Konzerte und Tagungen etwas Besonderes sind. »Das Gebäude ist quasi auf und in einen Steinbruch gebaut worden«, erklärt Jörn Raith, was das Hagener Event- und Kongresszentrum von anderen unterscheidet.

Um diesem Platz gerecht zu werden, hat der Architekt sich zum Ziel gesetzt, die Innen- und Außenebene miteinander zu verschränken. Das erklärt den frühlingsgrünen Fußboden, den manche für ein Relikt der 70er-Jahre halten, und die blauen Handläufe, die für die vier Flüsse der Volmestadt stehen. Jörn Raith, Geschäftsführer des städtischen Hallenbetriebs, arbeitet daran, diesen Aspekt wieder in den Vordergrund zu rücken. »Im Prinzip hat der Architekt das Thema Nachhaltigkeit vorweggenommen, und wir füllen es mit Leben, bei uns kann man trotz Stadtnähe sogar im Grünen tagen.« Umgeben von Resten des Steinbruchs und grünen Sträuchern gibt es in Hagen ein Tagungsflair, das seinesgleichen sucht. »Das darf sich gerne herumsprechen«, findet Jörn Raith, der vor drei Jahren aus Oberhausen an die Volme kam, um der Stadthalle einen neuen Pep zu verleihen.

Wieder einmal hat er sich ein hohes Ziel gesteckt. Schon in seinem ersten Job als kaufmännischer Angestellter war er an der Veranstaltungsorganisation eines Weltwirtschaftsgipfels beteiligt, und sein Highlight in der Kongresshalle in Oberhausen war ein Indoor-Autokino mit 50 Smarts, die über den neuen Lastenaufzug in die Halle gebracht wurden. Man darf gespannt sein, welche Highlights die Hagener in der Stadthalle zwischen den Felsen erwartet.

STADTHALLE HAGEN
WASSERLOSES TAL 2
58093 HAGEN
WWW.STADTHALLE-HAGEN.DE

28 Eine Frau, die hinsieht und etwas bewegt

Beba Ilic fotografiert Hinseher im Atelier Kooperative K

Im Herbst 2014 nahm die Hagener Fotografin Beba Ilic im Atelier der *Kooperative K* die ersten Fotos für ihr Projekt *#hinsehen* auf und erstellte am Computer zwölf Bilder von Menschen unterschiedlichen Alters und unterschiedlicher Herkunft. Dass sie damit innerhalb weniger Monate eine Welle in Hagen ins Rollen brachte, kann sie noch immer nicht fassen.

Alles begann mit dem Hashtag *#hinsehen*, unter dem bei Facebook anfangs vereinzelt jene schwarz-weißen Porträts geteilt wurden, auf denen Personen den Betrachter durch die zugehaltenen Augen anschauten. Bald griffen die Medien das Thema auf, und im Frühjahr 2015 explodierte das Projekt in nicht erwartete Höhen. Längst standen nicht mehr nur Hagenerinnen und Hagener in der Schlange, um Teil der Aktion zu werden. Aus ganz Deutschland reisten Prominente an, um sich ablichten zu lassen. In wenigen Wochen gelang es Beba Ilic, unterstützt von Freunden, eine Ausstellung der Bilder in den Elbershallen zu organisieren, mit einer Vernissage, die sich an jeder Museumsveranstaltung messen lassen kann. Selbst der Oberbürgermeister griff spontan zum Mikrofon und dankte der jungen Fotografin für ihr Engagement für Menschen und für die Stadt Hagen.

Dabei wollte Beba Ilic eigentlich nur in einem kleinen feinen Projekt zeigen, wie wichtig es ist hinzusehen, Zivilcourage zu zeigen und sich zu engagieren. »Überall dort, wo Unrecht geschieht, im Großen wie im Kleinen, werden Menschen gebraucht, die sich einmischen.« Dazu wollte und will sie ermutigen, sich nicht in die zweite Reihe zu stellen oder weiterzugehen, wenn es brenzlig wird, sondern hinzusehen und etwas zu tun.

Das Mittel, das sie dafür gewählt hat, ist ihr Medium. Beba Ilic ist Fotografin, Bilder sind ihre Leidenschaft, seit sie denken kann, und die Kamera ist das Medium, mit dem sie die Welt einfängt.

»Meinen ersten Fotoapparat habe ich mir mit 15 gekauft«, erzählt die gebürtige Hagenerin mit jugoslawisch-griechischen Wurzeln, die in Haspe aufgewachsen und zur Schule gegangen ist. Es dau-

Bildwürfel des #hinsehen-*Projekts auf einem Gebäude der Elbershallen*

erte nicht lange, da beschränkte sie sich nicht mehr auf einfache Fotos. Sie begann, mit der Kamera zu experimentieren und neue Fotowege zu gehen. Umso erstaunlicher ist es, dass sie nach dem Abitur nicht sofort mit einer Ausbildung in ihrem heutigen Beruf begonnen hat. »Es hat mich niemand auf den Gedanken gebracht, dass man Fotografieren zum Beruf machen kann«, überlegt sie. Für sie war immer klar, dass sie einen Beruf brauchte, in dem sie kreativ sein konnte. Modedesign war lange im Gespräch, aber mit Blick auf die geschriebenen und ungeschriebenen Gesetze der Branche schien ihr das nicht das Richtige zu sein. Sie probierte einiges aus und lebte in jener Zeit der Suche nicht in Hagen, sondern suchte abseits ihrer Heimatstadt und ihrer Familie nach ihrem Weg. Wie bei Janoschs kleinem Bären und kleinem Tiger führte der Weg sie schließlich zurück nach Hagen. Als klar war, dass sie Fotografin werden wollte, schickte sie ihre Bewerbungsunterlagen an die Fotostudios in Hagen und Umgebung. Von drei der vier Unternehmen erhielt sie eine Zusage und entschied sich am Ende für das Hagener Studio Foto Kühle, das jahrelang neben den klassischen Aufgaben eines Ateliers auch Bühnenfotos für das *Theater Hagen* und Kunstfotos für das *Osthausmuseum* übernahm und dadurch für angehende Fotografen ein breites Lernspektrum bot. Viereinhalb Jahre lang arbeitete sie in dem Fotostudio und tüftelte zu Hause alleine mit ihrer Kamera, um immer neue Möglichkeiten zu entdecken. Sie spürte, dass die Fotografie ihr Ausdrucksmittel war, und versuchte, so viel wie möglich zu lernen und auszuprobieren.

»Ich habe während der Ausbildung alles aufgesaugt, was ich lernen konnte und was man mir beibringen wollte. Aber für mich war immer klar, dass ich mich selbstständig machen wollte«, erinnert sich Beba Ilic. »Bei uns in der Familie haben alle ihre eigenen Geschäfte und Unternehmen, daher habe ich dort viel Rückhalt erfahren und nie den Glauben an mein Ziel verloren.« Dabei gab es Grund genug zu verzweifeln. »Ich habe gefühlte zwei- bis dreimal neu angefangen in meinem Leben. Zum Glück bin ich kreativ und habe eine tolle Familie und wunderbare Freunde.« Kaum hatte sie ihr erstes Fotostudio eröffnet, zerstörte ein Wasserrohrbruch das schöne und mit viel Mühe und Herzblut eingerichtete Atelier, und sie musste von vorne beginnen.

Heute hat sie sich als Produktfotografin einen Namen gemacht, eine Aufgabe, die ihr viel Spaß macht, auch wenn sie ihr kreatives Potenzial nicht immer voll ausschöpfen kann. Als Ausgleich zu den klaren Vorgaben bei der Aufnahme von Industrieprodukten beschäftigt sie sich mit der künstlerischen Seite der Fotografie, die sie schon als Auszubildende fasziniert hat. Die Räume der *Kooperative K*, einem Zusammenschluss von Hagener Künstlern, sind dafür bestens geeignet. Hier kann sie experimentieren und ihre Gedanken schweifen lassen. Zumal sich das Atelier in dem alten Industriegebäude für große und besondere Fotoaufnahmen geradezu anbietet.

Eines der Projekte, die dort ihren Anfang genommen haben, ist *#hinsehen*, die Initiative, mit der sie nur ein wenig Aufmerksamkeit erzeugen und Spenden sammeln wollte, und die dann Aufsehen erregt hat.

Blick aus dem Atelier der Kooperative K

»Zum ersten Mal wurde ich mit dem Thema Hinsehen beziehungsweise Wegsehen konfrontiert, als ich mitbekam, wie ein Kind auf einem Zebrastreifen mit dem Fahrrad stürzte und halb ohnmächtig auf der Straße lag. Die Passanten beachteten es nicht und gingen einfach vorbei. Da hat mich die Wut gepackt.« Die Wut ist immer noch da und tritt zutage, sobald sie Ungerechtigkeit erlebt. Dann wird aus der zierlichen Frau ein zorniger Riese, der einen Strudel auslöst, bei dem jeder hofft, auf der richtigen Seite zu sein. Sie engagiert sich für Tierschutz ebenso wie für Obdachlose, für Kinder genauso wie gegen Gewalt oder wilde Müllberge. »Hinsehen heißt auch, etwas gegen das zu tun, was man sieht, zum Beispiel den Müll im Grünstreifen zu beseitigen, statt nur darüber zu jammern.«

Wo immer jemand Unterstützung braucht, ist sie dabei. Indem sie selbst mit anfasst, Missstände mit der Kamera anprangert oder Menschen mobilisiert, die etwas tun.

»Ich wundere mich immer, dass so viele Menschen achtlos sind und nicht sehen, was um sie herum geschieht«, beschreibt sie ihre Motivation, mit ihren Fotos Hingucker in doppelter Hinsicht zu erzeugen. »Es macht mich glücklich, wenn ich anderen helfen kann.« Dieses Gefühl möchte sie auch anderen ermöglichen, indem sie ihnen zeigt, wie leicht es ist, sich für andere einzusetzen.

Man spürt die Freude über die große Resonanz, die sie auf ihre Bilder und für das Projekt erhält. Dabei geht es ihr nicht um den persönlichen Erfolg. Im Gegenteil, am liebsten würde sie sich immer hinter die Kamera verziehen. »Ich bin immer noch aufgeregt, wenn ich vor der Kamera oder vor einer Gruppe etwas sagen muss«, gibt sie zu. Wichtig ist ihr, dass durch das Projekt das Thema Zivilcourage wieder ins Bewusstsein gelangt. Nicht nur in Hagen.

»Ich freue mich so, dass durch das Projekt auch Hagen bekannter wird.« Gleich wird ihre Stimme vor Begeisterung lauter. Aber sie hat ja recht. Das Fernsehen war in Hagen, um über sie und ihre Fotos zu berichten, Zeitungen und Zeitschriften, sogar nach Berlin gibt es inzwischen Kontakte. Wer weiß, was daraus noch wird. »Ich liebe Hagen, es ist einfach eine tolle Stadt, und ich ärgere mich, wenn Menschen sagen, hier wäre nichts los.« Gerne würde sie diese Menschen einmal treffen und fragen, wo sie sich engagieren, um etwas zu ändern. »Ich finde auch, dass Hagen Potenzial nach oben hat und noch viel mehr sein könnte. Aber wenn ich sehe, wie sich die Stadt in den letzten Jahren verändert hat, ist das doch toll, und wenn sich alle einbringen, geht es auch so weiter.«

Beba Ilic wird dazu ihren Teil beitragen, das ist keine Frage. Aber auch ihre Kolleginnen und Kollegen in der *Kooperative K* sorgen dafür, dass Hagen über die Grenzen der Stadt hinaus bekannt wird. In ganz Deutschland stellen sie die Werke aus, die in dem alten über 100 Jahre alten Fabrikgebäude im Hinterhof von *Zweirad Trimborn* entwickelt werden. Seit über 25 Jahren wird das Atelier von Künstlern der *Kooperative K* genutzt. »Ich genieße die lockere Atmosphäre und das inspirierende Umfeld im Atelier der *Kooperative K*, das ist einfach toll.«

KÜNSTLERATELIER KOOPERATIVE K
KARLSTRASSE 26
58135 HAGEN
WWW.KOOPERATIVEK.WORDPRESS.COM

29 Rock 'n' Roller ein Leben lang

Stefan Kleinkriegs Heimat beginnt auf der A 46 nach Hagen

Einer, der die Musikszene der 80er-Jahre in Hagen wie seine Westentasche kennt, ist Stefan Kleinkrieg, der mit bürgerlichem Namen Stefan Klein heißt. Ende der 60er-Jahre vom Musikvirus infiziert, kann er bis heute nicht ohne Musik, auch wenn diese teilweise anders klingt als die, die er mit *Extrabreit* auf die Bühne gebracht hat und bringt.

Noch immer genießt er es, mit den Kollegen von *Extrabreit* unterwegs zu sein und nach der Tour über die A46 wieder in Hagen einzuschweben. »Eine solche Tour ist wie ein Jungbrunnen«, erzählt er mit einem Grinsen. »Wenn wir zusammen unterwegs sind, fangen wir garantiert 15 Kilometer hinter Hagen an, wie früher rumzualbern.« Kein schlechter Start für ein Konzert der *Breiten*, erwarten die Zuhörer doch vor allem die Songs aus den 80er-Jahren, weil sie sich in jene Zeit versetzen und das Feeling von damals erneut erleben möchten.

»Musik in einer Band zu machen, ist einfach das Geilste, was es gibt!« Wenn er das sagt, kann man erahnen, was Stefan Kleinkrieg Ende der 60er-Jahre in den Sommerferien so gepackt hat, als er zum ersten Mal eine E-Gitarre bewusst gehört hat. Damals war er, 13-jährig, mit seinen Eltern auf einem Campingplatz in Jugoslawien, und neben ihnen spielte ein Junge auf einer elektrischen Gitarre. Von dem Moment an war für Stefan Kleinkrieg klar, dass er Musik machen wollte.

»Nach der Rückkehr habe ich meinem Freund Rolf davon erzählt. Er bekam von einem Lehrer ein paar alte Trommeln und ich irgendwoher eine Gitarre, und los ging's.« Unterricht hat er nie genommen, dazu fehlte ihm die Geduld. »Ich wollte das einfach können!« Und er konnte es. Die ersten Auftritte der ersten Band mit Rolf Möller gab es während der Schulzeit. Danach verhinderte der Wehrdienst zunächst die Musikkarriere des Stefan Kleinkrieg und war gleichzeitig der Auslöser für den Erfolg. »Bei der Bundeswehr habe ich *Extrabreit* gegründet, weil ich es sonst nicht ausgehalten hätte«, schildert Stefan Kleinkrieg die Anfänge seiner erfolgreichen

Band, die mit kleinen Auszeiten seit über 30 Jahren auf der Bühne steht – immer mit ihm an der E-Gitarre.

Mancher Musiker von außerhalb suchte am Hagener Bahnhof die bekannte Musikszene

Als *Extrabreit* in den 80er-Jahren startete bis zum Neustart in den 90er-Jahren war Hagen ein bedeutender Fleck in Deutschlands Musiklandkarte. »Wir haben manchmal gesagt, alle kommen aus Hagen außer Nina.« Stefan Kleinkrieg lacht bei der Erinnerung daran, dass eines Tages ein Mann mit einem Basskoffer am Hagener Bahnhof ausstieg und fragte: »Wo ist denn die Hagener Szene?«

Das muss eine aufregende Zeit gewesen sein. Vor allem in Wehringhausen war die Musikszene angesiedelt, es gab Übungsräume und Möglichkeiten, erste Auftritte zu absolvieren, und die legendären WGs, von denen viele Hagener aus Stefans Jahrgang noch heute schwärmen.

»Ich kam über Käpt'n Horn, mit dem ich *Extrabreit* gegründet hatte, in die Szene in Wehringhausen und lernte da viele kennen, die der Band den Weg bereitet haben. Manche von ihnen sind noch heute sehr erfolgreich im Musik- oder Mediengeschäft.« Er schmunzelt, als er an die Zeit denkt, verrät aber keine Einzelheiten. Aber was braucht er Einzelheiten aus den Leben anderer, seines war spannend genug, auch wenn es ihm weit weg vorkommt wie in einem anderen Leben oder einer anderen Zeit.

»Die Szene hat sich unglaublich verändert, heute werden oft halb fertige Sachen ins Internet gestellt, und dann hat man nur Dateien. Früher ging man ins Studio und hatte anschließend eine Kassette, die man im Auto anhören konnte. Das war ein irres Gefühl.« Er erinnert sich gut daran, wie es war, die allererste Platte zu hören. »Jörg Hoppe, unser späterer Manager, kam mit der Platte in die WG, da gab es keinen Plattenspieler und wir mussten erst mal zu Nachbarn, um die Platte anzuhören. Aber dann saßen wir da und waren total geflasht.«

Es waren einige Hagener, die Anteil an seinem Erfolg hatten, da ist sich Stefan Kleinkrieg sicher. »Letztlich ist Erfolg auch eine Frage des Glücks, ob man im richtigen Moment die passenden Leute kennt, und die gab es in Hagen.« Trotzdem ist er nach Hamburg gezogen, bis ihm klar wurde, dass man Musik von jedem Ort aus machen kann. Heute lebt er in Hagen, macht Musik und ist ansonsten Hausmann mit einem wohlwollend-kritischen Blick auf seine Heimatstadt.

»Die Hagener sind ganz besondere Menschen«, sagt er mit einem Schmunzeln. »Sie haben einen starken sauerländischen Einschlag, sind bodenständig und unverwüstlich. Sie lieben und hassen ihre Stadt.« Diese Hassliebe macht sich immer bemerkbar, wenn sie mit Auswärtigen sprechen. Sie selbst dürfen über ihre Stadt nach Herzenslust schimpfen, aber wehe, jemand wagt es, ihnen zuzustimmen oder gar von sich aus kritisch zu sein. »Dann stehen die Hagener wie eine Eins hinter ihrer Stadt.«

Wie allen Hagenern ergeht es auch dem Rock 'n' Roller Stefan Kleinkrieg, er sieht die kritischen Dinge in seiner Stadt, hat aber trotzdem immer das Gefühl, nach Hause zu kommen, sobald er von der A45 in den Kessel fährt, die A46 herunter und die Silhouette der Stadt betrachtet.

ZUBRINGER A46 NACH HAGEN
HEINITZSTRASSE
58097 HAGEN

30 Der mit den Farben sprach

Emil Schumacher wirkt nach in seinem Museum im Kunstquartier

Ein eigenes Haus haben viele Hagener, ein Museum mit seinem Namen hat nur Emil Schumacher, auch wenn er weder Bau noch Eröffnung im Jahr 2009 miterlebt hat, da er am 4. Oktober 1999 gestorben war.

In Hagen am 29. August 1912 geboren, studierte er nach dem Besuch der Oberrealschule ab 1931 in Dortmund an der Werkkunstschule. Seine Entwicklung als Künstler wurde allerdings durch die Machtübernahme der Nationalsozialisten unterbrochen. Eine zugesagte Einzelausstellung wurde abgesagt, und auch in der Hochschule machte sich der neue Geist bemerkbar. Da er sich nicht darauf einlassen wollte, musste er sein Studium abbrechen. Er zog zurück in sein Elternhaus und versuchte sich als freier Künstler, bis er zur kriegswichtigen Arbeit im Akkumulatoren-Werk herangezogen wurde. Erst die Kapitulation im Mai 1945 gab ihm neuen Schwung. Gleich am nächsten Tag kündigte er seine Stelle und startete einen neuen Versuch als freier Künstler. Er tat sich mit Gleichgesinnten zu der Künstlergruppe *junger westen* zusammen, bekam 1947 seine erste Einzelausstellung und wurde 1948 mit dem Kunstpreis *junger westen* der Stadt Recklinghausen gewürdigt.

Ende der 50er-Jahre fand Emil Schumacher den für ihn typischen Stil, der von kräftigen Farben und dem Kampf gegen das Eingängige geprägt ist. Heute gibt es kaum ein Museum mit Kunst der Moderne, in dem kein Werk des Künstlers hängt. Auch andere Werke sind überall auf der Welt zu finden, Mosaikarbeiten in der U-Bahn-Station Colosseo in Rom oder auch von ihm gestaltete Bücher und Keramiken, wie sie im *Emil Schumacher Museum* im Hagener Kunstquartier zu sehen sind.

EMIL SCHUMACHER MUSEUM
IM HAGENER KUNSTQUARTIER
MUSEUMSPLATZ 1
58095 HAGEN
WWW.KUNSTQUARTIER-HAGEN.DE

31 Eine Frau, die kommt, sieht und zupackt

Nicole Schneidmüller-Gaisers Stein oberhalb des Cafés Halle

Wer sich in Hagen für Kultur und Soziales interessiert, wird irgendwann Nicole Schneidmüller-Gaiser treffen, vielleicht auf ihrem Stein oberhalb des Cafés Halle. Die Journalistin und PR-Frau mit dem fröhlichen Lachen gehört zu den Menschen, die nicht nur von Toleranz sprechen, sondern diese in Alltag und Beruf leben.

»Mich interessieren die Geschichten hinter den Menschen, ich möchte wissen, warum jemand so lebt, wie er lebt«, sagt sie und hat viele Beispiele aus ihrem Alltag parat. Schon während ihrer Tätigkeit bei der Tageszeitung hat sie sich am liebsten die Geschichten herausgepickt, in denen sie Menschen eine Stimme geben konnte. Als Pressesprecherin im kirchlichen Umfeld, zunächst beim Diakonischen Werk und heute im Evangelischen Kirchenkreis Hattingen-Witten, ist es ihre Aufgabe, die Geschichten der Menschen zu erzählen – ob sie sich als Leiterin einer Kita engagieren oder als Flüchtlinge festen Boden unter den Füßen suchen, im Altenheim täglich Menschen helfen oder auf der Straße leben. »Kein Mensch kommt als Wohnungsloser auf die Welt oder flieht ohne Not, da muss man doch herausfinden, wieso jemand diesen Weg geht.« Was sie bei diesen Besuchen und Gesprächen erlebt, motiviert sie stets aufs Neue, sich für andere und eine bessere Welt einzusetzen. Beruflich verlässt sie dabei ihre Heimatstadt, der sie privat stets treu geblieben ist. »Ich habe immer in Hagen gelebt, die Stadt hat für mich die perfekte Größe, sie ist nicht so klein, dass man sich ständig beobachtet fühlt, und so groß, dass sie alles bietet, was ich brauche.« Als sie in Dortmund Journalistik studierte, hat sie zwar in Halden gewohnt, und mit ihrem Mann lebte sie lange Zeit am Ischeland, aber heute ist sie wieder zu Hause in der Geweke angekommen.

»In den 70er-Jahren war Kindsein die große Freiheit.« Nach Schule und Hausaufgaben spielte Nicole Schneidmüller-Gaiser mit ihren Freunden im Wald. »Manchmal sind mein Bruder und ich mal eben nach Ennepetal geradelt, um die Tiere im Wildgehege zu füttern, ohne dass sich die Familie Sorgen gemacht hätte. Das gibt es

Von ihrem Stein aus genießt Nicole Schneidmüller-Gaiser den Blick in die Ferne

heute nicht mehr.« Fast wird sie wehmütig bei dem Gedanken, was Kindern heute entgeht. »Es ergab sich dadurch von alleine, dass wir selbstständig wurden.« Vielleicht zu selbstständig, wenn sie daran denkt, wie sie damals im Wald ein kleines Lagerfeuer entzündeten, um Kartoffeln zu kochen. Aber es ist alles gut gegangen und vermutlich hatte sie damals bereits die Umsicht, die ihr heute bei ihren Aktivitäten zugutekommt. Ohne Weitsicht und genaue Planung hätte sie ihr Studium kaum abschließen können. »Eine Zeit lang hatte ich fünf Jobs parallel. Das war stressig, aber es hat mir ein großes Zutrauen vermittelt, dass ich immer eine Arbeit finde, um meinen Lebensunterhalt zu sichern.« In der heutigen Zeit eine gute Basis für den Spagat im Berufsleben, den auch sie meistern musste. Bis zu ihrem derzeitigen Traumjob, bei dem sie sich für Menschen einsetzen und Leben und Arbeit optimal aufeinander abstimmen kann, war der Weg nicht leicht. Aber letztlich haben sich ihr Engagement und ihr großes Netzwerk ausgezahlt, auch wenn sie dafür das eine oder andere einstecken musste. »Mir gefällt es, dass die Hagener so ehrlich sind«, meint sie und sieht den Menschenschlag als gelungene Mischung aus Bewohnern des Ruhrgebiets und Sauerländern. »Da geht es schon mal laut und derb zu, aber wenn es drauf ankommt, werden nicht viele Worte gemacht, dann wird gehandelt.«

Nicht viel reden, handeln, das könnte Nicoles Lebensmotto sein. So war es auch, als sie samstags in der Zeitung las, dass das sommerliche Kulturprogramm *Muschelsalat* den Sparzwängen zum Opfer fallen sollte. Spontan scharte sie einige Gleichgesinnte um sich, und wenig später wurden die *Muschelsalatretter* gegründet, die seit 2008 mit großem Erfolg Spenden sammeln und dafür sorgen, dass die Veranstaltung mit ihrem vielfältigen kulturellen Angebot bestehen bleibt. Wo immer es darum geht, sich für andere einzusetzen, ob für die *Muschelsalatretter*, für Flüchtlinge oder mehr Toleranz – Nicole Schneidmüller-Gaiser ist dabei und stellt oft genug ihre persönlichen Interessen und Bedürfnisse zurück. Nur, als sie mitbekam, dass ihre geliebte Ruhebank bei Café Halle oberhalb der Geweke nach einem Vandalenangriff nicht wieder aufgebaut wurde, hat sie an sich gedacht. »Ich habe oft auf der Bank gesessen, über die Stadt geschaut und nachgedacht oder einfach nur die Seele baumeln lassen. Das wollte ich mir nicht nehmen lassen.« Also hat sie beim Grünflächenamt angerufen, gedrängelt und mit den Mitarbeitern nach einer Lösung gesucht. Es fand sich ein Ausweg, der ein Beispiel dafür ist, dass Lösungen manchmal weder kompliziert noch teuer sein müssen. Heute liegen dort, wo früher Bänke waren, zwei große Steine, auf denen man sitzen kann und für die es sehr viel Kraft braucht, um sie zu zerstören. Aber selbst dann hätte Nicole Schneidmüller-Gaiser sicher eine Idee, wie man der Herausforderung begegnen könnte.

SITZSTEINE AM WALDRAND
OBERHALB DER GEWEKE BEI CAFÉ HALLE
AUF DER HALLE 12
58135 HAGEN

32 Von Ur-Libellen zu den ältesten Hagenern

Ralf Blank zeigt Archäologie im Wasserschloss Werdringen

Ihre Lage mit malerischen Bergen und Tälern, mit Wegen und Flüssen machte die Stadt Hagen schon lange, ehe sie Stadtrechte erhielt, zu einem attraktiven Ort für Menschen. Spuren davon finden sich im *Museum Wasserschloss Werdringen*, das in die Zuständigkeit von Dr. Ralf Blank fällt, vermutlich einem der wenigen Museumsleiter, der in seinem Museum auch eigene Funde zeigt.

Birgit Ebbert: Als Fachdienstleiter für Wissenschaft, Museen und Archive der Stadt Hagen tauchen Sie tief in die Geschichte der Stadt ein. Wann haben Sie begonnen, sich dafür zu interessieren?

Dr. Ralf Blank: Ich fand schon immer interessant, was so im Geröll herumliegt, und habe bereits als Junge darin gestöbert und kleine Dinge gefunden.

Haben Sie deshalb Geschichte und Archäologie studiert?

Eigentlich wollte ich Astronom werden. Astronomie hat mich fasziniert, seit mein Großvater mir den Sternenhimmel erklärt hat. Ich weiß noch, dass ich mit zehn Jahren durch sein Teleskop die Saturnringe gesehen habe, so etwas prägt. Allerdings habe ich bald festgestellt, dass man für das Astronomie-Studium gute Mathenoten braucht – und die hatte ich nicht. Deshalb habe ich zunächst eine Ausbildung als Fotograf gemacht und mich später meiner zweiten Leidenschaft zugewandt: der klassischen und prähistorischen Archäologie sowie den Geschichtswissenschaften.

Konnten Sie Ihre fotografischen Fähigkeiten ebenfalls einbringen?

Oh ja. Schon im Studium habe ich während Grabungspraktika und Exkursionen oft Fotos gemacht und so Kontakt zu Wissenschaftlern aufgebaut, die teilweise noch heute bestehen. Vom Vater habe ich ein wenig künstlerisches Talent geerbt, sodass ich mich auch als Zeichner verdingen konnte. Zu guter Letzt habe ich schon während des Studiums gearbeitet, um als Geisteswissenschaftler später ein Auskommen zu haben. Ich habe nahezu alles gemacht: von der Museumsaufsicht über Führungen bis hin zu Verwaltungsarbeiten.

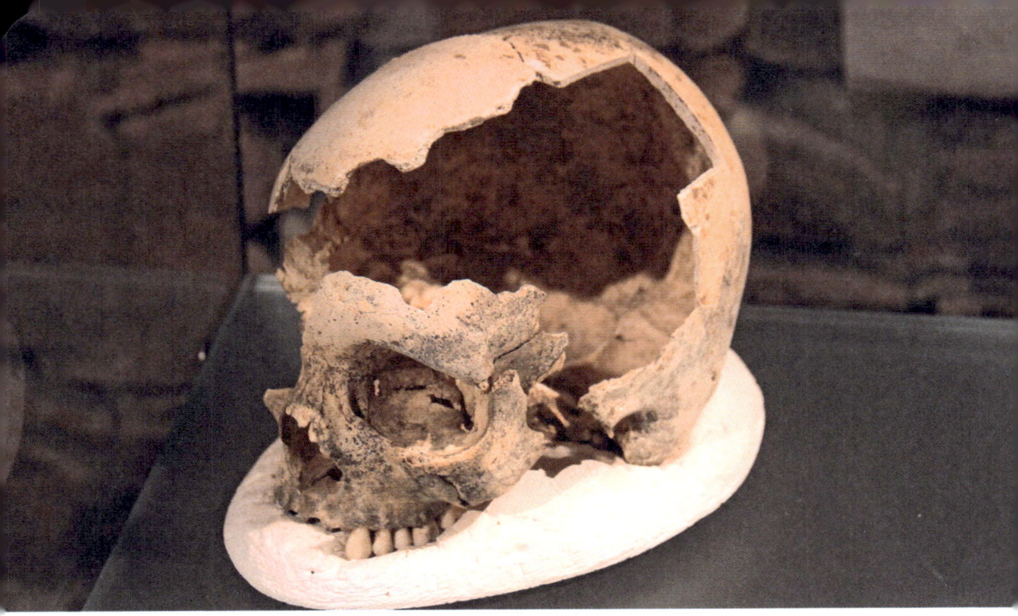

Fossile Ammoniten im Museum Wasserschloss

Für die Fotos haben Sie heute keine Zeit mehr, oder?

Das stimmt, mit dem Stadtmuseum, dem Museum für Ur- und Frühgeschichte und dem Stadtarchiv habe ich einiges zu tun. Aber ich bin auch kein Mensch für einen 38-Stunden-Job, das geht einfach nicht. Wenn mich etwas interessiert, bleibe ich am Thema, ob der offizielle Arbeitstag vorbei ist oder nicht. Ich habe auch schon im Büro übernachtet. Da sind Wochenenden und Feiertage eigentlich nur hinderlich. Schade ist nur, dass in Hagen viel zu wenig bekannt ist, welche archäologischen und historischen Schätze hier schlummern. Wir versuchen, in beiden Museen durch Veranstaltungen wie die Mittelalterspiele oder Workshops zur Steinzeit das Bewusstsein dafür zu wecken. Mit einigem Erfolg, denke ich. Aber außerhalb von Hagen wird die Geschichtslandschaft sogar international wahrgenommen.

Sind Sie eigentlich Hagener?

Gute Frage, doch wann ist man Hagener? Ich bin hier nicht geboren und habe meine Kindheit unterhalb der alten Sachsenfeste Hohensyburg verbracht. Nach mittlerweile mehr als 25 Jahren fühle ich mich aber als Hagener und empfinde Hagen als meine Heimatstadt – hier bin ich zu Hause, hier fühle ich mich wohl. Ich finde die Stadt einfach toll und ärgere mich jedes Mal, wenn jemand meckert, in Hagen sei nichts los, und es gäbe auch nichts zu sehen. Bedauerlicherweise haben »die Hagener« nicht einen solchen Stolz wie die Bürger der früheren Städte Haspe und Hohenlimburg.

Worauf können die Hagener denn stolz sein?

Da gibt es so viel. Schöne Kunst, viel Kultur und jede Menge Natur finden sich in vielen Städten in Nah und Fern. Gut, Hagen hatte Karl Ernst Osthaus und Emil Schumacher. Doch in Hagen gibt es weltweit einzigartige Schätze aus der Natur- und Menschheitsgeschichte. Etwa 318 Millionen Jahre alte Ur-Insekten aus dem Ziegeleisteinbruch in Vorhalle – ein prämierter Nationaler Geotop. Oder die frühesten bekannten Menschenreste aus der Nacheiszeit vor rund 13.000 Jahren – gefunden in der Blätterhöhle am Felsmassiv des Weißensteins in Holthausen. In dieser Höhle wurden vor rund 3.500 Jahren auch Menschen bestattet, die noch als Wildbeuter lebten. Das durfte zu dieser Zeit, wie man bis 2013 glaubte, eigentlich nicht mehr möglich sein. Diese Funde sind echte Alleinstellungsmerkmale weit über die Region hinaus.

Welches war das interessanteste Exponat, das Sie selbst gefunden haben?

Das ist nicht leicht zu sagen, am außergewöhnlichsten ist sicher die Geschichte eines Fossils, das ich als Jugendlicher entdeckt habe. Ich war 17, als ich es bei einer Radtour nördlich von Letmathe in einem aufgelassenen Steinbruch fand. Es handelt sich um eine Platte, die 15 mal 15 Zentimeter groß ist und auf der deutlich ein Fossil wie eine Zunge zu sehen ist. Die Schichten stammten aus dem Unterkarbon vor rund 340 Millionen Jahren. Ich hatte gleich das Gefühl, es könnte etwas Besonderes sein, und tippte auf einen Panzerfisch. Den Fund habe ich sorgfältig in Zeitungspapier eingewickelt. Damit bin ich nach Münster zum Paläontologischen Institut gefahren. Zwei Professoren schauten sich das an und erklärten, es könnte sich tatsächlich um den Abdruck eines seltenen Panzerfisches handeln, der zu dieser Zeit eigentlich ausgestorben gewesen sein müsste.

Hallstattzeitlicher Wasservogel aus der Burghöhle im Museum Wasserschloss

Damit haben Sie doch sicher den ersten Kontakt zu Medien bekommen, oder?

Wegen meiner Fossiliensucherei war ich schon als 16-Jähriger zum ersten Mal in der Zeitung – und hatte danach auch zum ersten Mal richtig Schlag bei meinen Mitschülerinnen. Im Fall des vermeintlichen Panzerfisches passierte jedoch nichts. Einer der Professoren meinte, ich solle die Platte im Institut lassen, weil man sie genauer untersuchen müsste. Dann hörte ich nichts mehr, obwohl ich ziemlich hartnäckig bin und auch damals wiederholt nachgefragt habe. Der Professor ging in Ruhestand, und plötzlich hieß es, meine Platte sei nicht mehr aufzufinden.

Ich denke, die Platte ist heute im Wasserschloss ausgestellt?

Manches braucht seine Zeit, und was sind schon 35 Jahre in Anbetracht von 340 Millionen Jahren? Vor einigen Jahren habe ich dem Kollegen, der das Museum in Münster leitet, diese Geschichte erzählt. Das hat ihn nicht losgelassen, und eine ganze Zeit später rief er an und erklärte mir, dass er meine Platte gefunden hatte – noch eingewickelt in Zeitungspapier von 1978. Ein Jahr später fand eine Übergabe im Museum statt, und nach der nächsten Umgestaltung des Museums wird sie ausgestellt. Inzwischen weiß ich auch, dass es sich um die Kauplatte eines riesigen Rochens handelt, kein Panzerfisch, aber dennoch ein ziemlich seltenes Fossil.

Sie hatten gerade die bekannte Blätterhöhle erwähnt. Das hört sich an, als wären Sie bei ihrer Entdeckung dabei gewesen?

Die Höhle wurde vom *Arbeitskreis Kluterthöhle*, einer Gruppe engagierter und vor allem seriöser Höhlenforscher aus Ennepetal, entdeckt. Im Auftrag der Stadt untersuchten sie die Höhle, um ein hydrologisches Gutachter wegen der Erweiterung des Steinbruches an der Donnerkuhle zu erstellen. Dabei entdeckten sie menschliche Skelettreste. Nachdem man anfangs dachte, es handle sich um ein Mordopfer, wurde in der Gerichtsmedizin schnell klar, dass es in meinen Zuständigkeitsbereich fiel. So gelangten die Skelettreste in den Kofferraum meines Wagens und wurden noch am späten Abend im Museum unter Verschluss genommen. Eine Radiokarbon-C14-Datierung zeigte dann, dass das Mädchen wirklich nicht wenige, sondern einige tausend Jahre alt war.

Wo kann man die Funde anschauen?

Ein Teil von ihnen ist im *Museum Wasserschloss Werdringen* zu sehen. Fossilien mit Abdrücken von Insekten und Pflanzen, Faustkeile und viele andere kleine Fundstücke aus Hagen und Umgebung vermitteln einen Eindruck von dem Leben im nordwestlichen Sauerland vor vielen Millionen Jahren. Es gibt aber auch Exponate aus der Bronze- und Eisenzeit wie Schmuck und Waffen, die 2.000 bis 2.800 Jahre alt sind.

Was ist aus Ihrer Sicht das Highlight?

Da gibt es einige. Doch der 5.600 Jahre alte Schädel einer 17- bis 22-jährigen Frau aus der Blätterhöhle ist gewiss ein Highlight. Die renommierte Gerichtsmedizinerin Dr. Constanze Niess aus Frankfurt am Main hat diesem Mädchen aus der Jungsteinzeit ihr Gesicht wiedergegeben. Als Botschafterin Hagens ist es 2015/16 in der Archäologischen Landesausstellung im Landesmuseum Bonn zu sehen, um danach neben dem Originalschädel im *Museum Wasserschloss Werdringen* ausgestellt zu werden.

MUSEUM FÜR UR- UND FRÜHGESCHICHTE
WASSERSCHLOSS WERDRINGEN
WERDRINGEN 1
58089 HAGEN
WWW.HISTORISCHES-CENTRUM.DE

33

Viel Freizeit für die Tiere

Birgit Ganskow engagiert sich für Tierschutz und Tierheim

»Tiere haben ein Recht auf Schutz und artgerechtes Leben«, findet Birgit Ganskow, deshalb kriecht sie mit ihrem Team oft durch Sträucher, um herrenlose Katzen einzusammeln. Tiere, die markiert sind, sodass man ihre Halter ermitteln kann, übergibt sie in die Obhut des Tierheims. »Für viele ist das Tierheim ein Übergang, aber obwohl sie es dort gut haben, ist es kein Zuhause.« Sie engagiert sich daher bei der Vermittlung der Tiere und hat über das Internet und die Sendung *Tiere suchen ein Zuhause* manchem Tier eine neue Heimat verschafft. Wild lebende Tiere unterstützt ihr Verein durch Kastration, Futterstellen und Überwachung, damit diese im Notfall behandelt und betreut werden und keinen Nachwuchs mehr bekommen.

Schon immer hat sich die kaufmännische Angestellte für Tiere interessiert und von ihrem Vater die Liebe zu Tieren gelernt. Als das Tierheim vor 15 Jahren Gassigänger suchte, meldete sie sich, um den Tieren zu helfen. »Dann bin ich dabei geblieben«, erinnert sich Birgit Ganskow, die heute als Vorsitzende den *Tierschutzverein Hagen und Umgebung e. V.* leitet. Wo immer es gilt, für die Rechte der Tiere zu kämpfen, ist sie mit ihrem Team dabei. Auch, wenn es darum geht, ein besseres Zuhause für sie zu finden. Über eine halbe Million Euro Spenden hat sie mit dem Verein allein für das neue Tierheim akquiriert, in dem sich auch die Geschäftsstelle des Vereins befindet. »Wir arbeiten partnerschaftlich mit dem Tierheim der Stadt Hagen zusammen«, freut sich Birgit Ganskow. »Sicherlich die beste Lösung für die Tiere und seit 2009 sogar durch einen Vertrag verbrieft.«

TIERSCHUTZVEREIN HAGEN
UND UMGEBUNG E. V.
TIERHEIM DER STADT HAGEN
HASSELSTRASSE 15
58091 HAGEN
WWW.TIERSCHUTZVEREIN-HAGEN.DE

ALPHA INDUSTRIES

34 Zwischen Ledersack und Lederjacke

Bernd Hoffmanns Bühnenstart in der St.-Bonifatius-Kirche

Wenn frühmorgens Harleys auf den Friedrich-Ebert-Platz fahren, kann man sich verwundert die Augen reiben oder auf die Idee kommen, Bernd Hoffmann hätte wieder einmal seine Finger im Spiel. »Das war ein irres Gefühl, morgens um sechs Uhr auf meiner Harley in die Stadt zu fahren und zuzusehen, wie die Vorbereitungen für meine erste große Veranstaltung anlaufen«, erinnert sich der Medienberater an ein Highlight aus seinem Berufsleben.

Dabei hatte er bis dahin einiges beruflich und privat erlebt, seit er als Kind noch neben der Hasper Hütte spielte, als Messdiener in der St.-Bonifatius-Kirche aktiv oder in den Wäldern auf dem Klutert unterwegs war. Damals, als er seine Malerlehre im väterlichen Betrieb absolvierte, und in Haspe noch Zwieback hergestellt wurde in Backöfen, die er lackiert hatte. In die Ausbildungszeit fiel seine erste Erfahrung als Redner. »Ich habe in der Akademie des Handwerks einen Rhetorikkurs besucht.« Bernd Hoffmann muss lachen, wenn er daran denkt, welche Methoden ihm damals vermittelt wurden. »Wir bekamen ein Thema, über das wir zehn Minuten sprechen sollten. Neben dem Rednerpult lagen ein Ledersack und ein Hammer. Während des Vortrags sollten wir mit dem Hammer auf den Ledersack schlagen, um die Körperspannung zu bewahren. Sobald wir nachließen, zischte der Dozent uns von hinten zu: ›Und schlagen, schlagen!‹« Diese Anekdote ist besonders amüsant, wenn man Bernd Hoffmann gegenübersteht. Obwohl er seine Karriere als Fitnesstrainer und Bodybuilder lange beendet hat, ist erkennbar, dass diese Methode für ihn völlig unpassend war. Schließlich hat er bereits als Schüler mit Kampfsport begonnen, und seit seinem 17. Lebensjahr ist kaum eine Woche vergangen, in der er nicht im Fitnessstudio trainiert hat. Die Zeit dafür wird allerdings knapper, seit er sein Herz für die Eventorganisation und Veranstaltungsmoderation entdeckt hat. Eher zufällig ergab es sich, dass er eine Veranstaltung, die er als Medienberater begleitet hatte, moderierte. Zum Glück

Bernd Hoffmann bei einem Fernsehinterview zum Krimi-Projekt Mord an der Volme

kann er die Moderation gut mit seinem Beruf vereinen, und so manches Mal sind ihm dabei seine Kontakte aus früheren Tätigkeiten zugutegekommen.

Nach der Schule hat er zunächst bei der Bundeswehr eine Ausbildung als Krankenpfleger absolviert und sich schon dort besonders für Fitness interessiert. Da ergab es sich fast automatisch, dass er nach dem Wehrdienst dem väterlichen Malerbetrieb den Rücken kehrte, um sich als staatlich geprüfter Fitnesstrainer zertifizieren zu lassen und in einem Fitnessstudio zu arbeiten. Vom Fitnesstrainer zum Bodybuilder ist der Weg nicht weit, wenn man Freunde hat, die einen das ganze Leben begleiten. »Eines Tages bekam ich einen Brief, in dem man mir erfreut mitteilte, dass ich zur Teilnahme am Hochsauerland-Cup im Bodybuilding zugelassen war. Meine Freunde hatten mich einfach dort angemeldet.« Nachdem die Freunde Nägel mit Köpfen gemacht hatten, gefiel ihm der Gedanke, und er erreichte nach sechs Wochen Vorbereitung sogar einen zweiten Platz bei dem Wettbewerb. Das spornte ihn an, und Spaß machte es auch, auf der Bühne zu stehen und das Ergebnis seines Trainings zu präsentieren, sodass er entschied, im nächsten

Jahr wieder dabei zu sein. Mit gezielter Vorbereitung gelang ihm der Sprung aufs Siegertreppchen. »Das war mein erster Kontakt mit den Medien. Ich trainierte damals in einem Studio in Lüdenscheid, und eine Zeitung brachte eine Art Homestory über mich und einen Kollegen.« Als regionaler Klassensieger bekam er die Chance, an der deutschen Meisterschaft teilzunehmen. Bei diesen Vorbereitungen zeigte sich bald, dass der Aufwand in keinem Verhältnis stand zu dem, was den Sieger nach der Meisterschaft erwarten würde. Weder gab es Geld noch besonderen Ruhm, aber dafür hieß es, fast ein halbes Jahr eine strenge Diät aus Putenfleisch, Reis und Wasser einzuhalten und natürlich systematisch zu trainieren. »Ich habe noch halbherzig an dem Wettbewerb teilgenommen, aber vergessen, welchen Platz ich belegt habe.« Ebenso wenig weiß er, wo sich die Pokale aus seiner Bodybuilder-Zeit befinden, weil er sie nach der Meisterschaft seiner Schwester schenkte, die sie, mit neuen Plaketten versehen, bei Jugend-Fußballturnieren auf Emst einsetzte. »Es wird sicher den einen oder anderen Haushalt geben, in dem undercover einer meiner Meisterschaftspokale steht.«

Bernd Hoffmann schmunzelt amüsiert und beginnt sogleich, von einem ganz anderen Projekt zu schwärmen, mit dem er sich in seiner Funktion als Medienberater in die Hagener Haushalte geschlichen hat, den *Hundertwasser für Jedermann*. »Die Idee stammt von meinem Chef, aber ich durfte das Projekt zusammen mit dem *Osthausmuseum* realisieren.« Zum Start der Ausstellung der Werke von Friedensreich Hundertwasser im Frühjahr 2015 hat der Stadtanzeiger einen Druck des Bildes *Traum des toten Indianers*, das sich im Besitz der Stadt Hagen befindet, als Beilage veröffentlicht. Wer nun denkt: Geht das denn, dass ein Bodybuilder sich für Kunst interessiert?, der wird sich über das nächste Herzensprojekt des Haspers umso mehr wundern, das Oktoberfest in der Stadthalle Hagen. Um dies zu organisieren, kletterte der bekennende Harley-Fahrer mit einem Konzept im Rucksack sogar auf eine Alm. »Das war vermutlich der höchste Besprechungsort, den ich jemals hatte.«

Bernd Hoffmann moderiert die Vernissage des Projekts #hinsehen *von Beba Ilic*

Auf diese Widersprüche angesprochen, grinst Bernd Hoffmann. »Als ich vor einigen Jahren meinen ersten Job als Medienberater bekam, meinte mein damaliger Chef: ›Einen Exoten können wir uns leisten.‹« Ohne Zweifel ein Kompliment, das zeigt, dass Bernd Hoffmann sich nicht in eine Schublade stecken lässt. Im Herzen ist er ein Rocker, daraus macht er keinen Hehl, er liebt seine Ausflüge mit den Motorradfreunden und hat bei einer Kur die versammelte Seniorenwelt schon mit seinen ausgefallenen Tattoos erschreckt, aber er ist neugierig, liebt Herausforderungen und ist immer auf der Suche danach, wie er das Image seiner Heimatstadt aufpolieren kann. »Das Harley-Treffen war natürlich der Hammer. Das Konzept hatte ich für die Volmegalerie als deren Beitrag zum Auto-Salon entwickelt. Es gab Metalmusik auf dem Friedrich-Ebert-Platz, eine Harley-Ausstellung in der Galerie, und an dem Tag hatten Motorräder freie Fahrt in der Fußgängerzone.«

Auch wenn solche Aktionen sein Herz besonders hoch schlagen lassen, ist Bernd Hoffmann offen für andere Events. Ob das die riesige Modenschau mitten in der Stadt war, die Inszenierung eines Flashmobs mit der Trommeloper *Benjamin* neben dem Mataré-Brunnen, die Hagener Herztage oder die Madison-Revival-Party für Fans der Musikkneipe seiner Jugend – wann immer sich eine Gelegenheit bietet, etwas zu organisieren, zu vernetzen, zu moderieren, ist er dabei. Zum Beispiel als einer seiner Exchefs aus der Fitnessbranche ihn fragte, ob er das erste Hagener Kurzfilm-Festival moderieren wolle. Bernd Hoffmann stand nicht nur sofort bereit, sondern brachte seine Beziehungen zu den Medien mit, die das Festival über Hagen hinaus bekannt gemacht haben. Sobald ihn ein Konzept überzeugt, setzt er sich ein und knüpft Netzwerke, um die Aktion zu unterstützen wie die Fotoserie *#hinsehen* der Hagener Fotografin Beba Ilic. Was als Projekt in Hagen gedacht war, wuchs plötzlich über Hagen hinaus. »Genau das möchte ich erreichen. Hagen ist eine tolle Stadt, das wissen nur die wenigsten und das muss sich ändern. Cool war auch der Film, den wir vom Stadtanzeiger über Hagen gedreht haben.« Hagener waren aufgerufen, ihre alten Filmschätze einzureichen, aus denen die Dokumentation *Rückblicke Hagen* über den Wandel der Stadt in den letzten 80 Jahren erstellt wurde. »Da kamen Filme, die selbst mir als Ur-Hagener neue Seiten unserer Stadt gezeigt haben«, erinnert sich der überzeugte Hagener, der mit auswärtigen Besuchern auf jeden Fall den Hohenhof und das Kunstquartier besucht, ehe er mit ihnen ins Hotel auf dem Kamp zum Essen geht.

Als Lieblingsort jedoch nennt er ein anderes Gebäude, das auf den ersten Blick nicht zu ihm zu passen scheint: die St. Bonifatius-Kirche in seinem Heimatstadtteil Haspe. »Die Kirche war ein fester Teil meiner Kindheit. Die Jugendgruppe und die Erfahrung als Messdiener waren einprägsam. Noch heute genieße ich es, Freunde aus dieser Zeit zu treffen und zu wissen, dass ich dort einen tollen Start in ein pralles und buntes Leben hatte.«

ST.-BONIFATIUS-KIRCHE
BERLINER STRASSE 125
58135 HAGEN
WWW.ST-BONIFATIUS-HASPE.DE

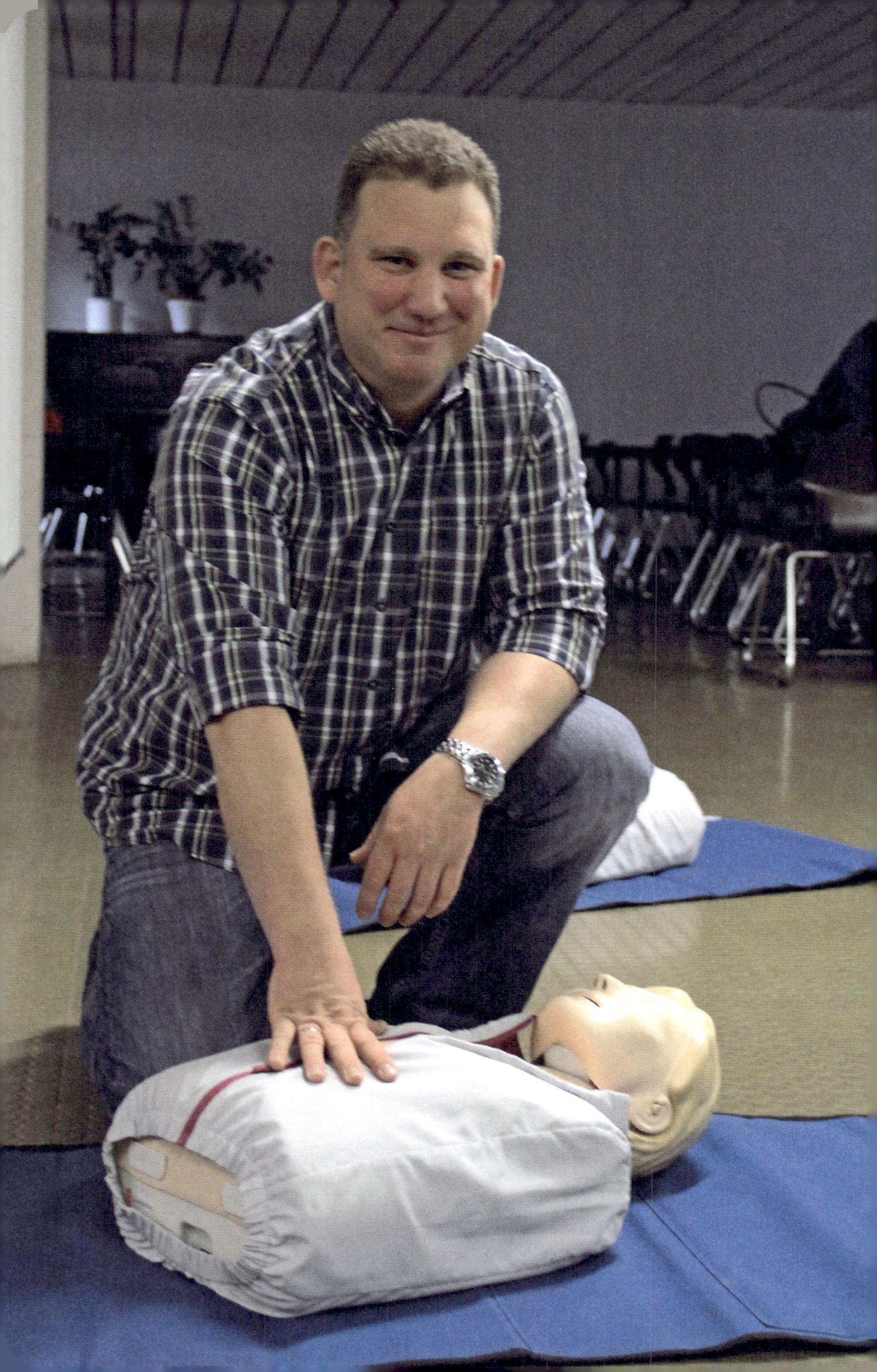

35 Laienreanimation kann Leben retten

Jens Schillings Einsatz im Netz und Allgemeinen Krankenhaus

Jetzt mal ehrlich! Wer von uns erinnert sich an den Erste-Hilfe-Kurs, den er für den Führerschein gemacht hat? Und wer wüsste im Notfall, was zu tun wäre? »Das Wissen ist wichtig, das ist keine Frage«, meint Jens Schilling, der als Fachkrankenpfleger für Anästhesie und Intensivmedizin natürlich über das entsprechende Know-how verfügt. »Aber«, mahnt er im gleichen Atemzug, »entscheidend ist, dass man in einem Notfall etwas tut und nicht wegsieht oder vorbeigeht.«

»Laienreanimation kann jeder« heißt deshalb sein Projekt, das mit der Facebook-Seite begann und das inzwischen fast die ganze Freizeit des Hageners in Anspruch nimmt.

In seinem Beruf erlebt er oft, dass Menschen nicht gerettet werden konnten, weil das Umfeld entweder hilflos oder achtlos daneben stand. »Ich erinnere mich an einen Einsatz mitten in der Fußgängerzone. Eine über 80-jährige Frau war auf der Straße in der Nähe eines Imbisses zusammengebrochen. Ihr gleichaltriger Partner hatte sie in die richtige Lage gebracht und die Beine angehoben. Bis wir kamen, stand er verkrampft da, während die Passanten achtlos an ihm vorübergingen.« Er ist noch immer fassungslos über dieses Verhalten und froh, dass er inzwischen viele Menschen kennengelernt und geschult hat, die in einem solchen Moment ganz sicher nicht mehr einfach weiterlaufen werden.

Jens Schilling ist in Hagen-Delstern aufgewachsen. »Damals war Delstern noch ein lebendiger Stadtteil, obwohl die B54 mittendurch fuhr. Da war immer etwas los, und wenn wir aus dem Haus gingen, fanden wir immer Kinder zum Spielen. Oft waren wir auf dem Schulhof der Grundschule.« Seit der neuen Straßenführung ist es in Delstern ruhiger geworden in jeder Hinsicht. Noch ruhiger als in dem beschaulichen Stadtteil Dahl, in dem Jens Schilling mit seiner Familie lebt, umgeben von Natur und alten Häusern. »Das gehört für mich zu den Besonderheiten Hagens, dass es hier viele Wälder gibt, in die man sich zurückziehen kann und wo man Ruhe hat«, findet

In der Astrid-Lindgren-Schule verbringt Jens Schilling als Dozent so manchen Abend

er. Mit Besuchern von außerhalb geht er daher gerne in einen der Wälder, aber auch ins Freilichtmuseum, das er wie wohl alle Hagener schon als Grundschüler kennengelernt hat. Und natürlich auch gerne in den Brauereiausschank Vormann, zu einem Kollegen aus der Freiwilligen Feuerwehr, bei der er sich seit 20 Jahren engagiert. Die Einsätze dort bestätigen ihn in dem, was ihn immer wieder beschäftigt, dass besonnenes Handeln eines Laien und ein paar Grundkenntnisse helfen können, Leben zu retten. »Wenn man 20 Minuten vom nächsten Stützpunkt der Rettungswagen entfernt wohnt, kann Wissen über Laienreanimation entscheidend für das Leben eines Einzelnen und der ganzen Familie sein.«

Um den Hagenern diese Grundkenntnisse zu vermitteln und ihnen Sicherheit zu geben, hat er sich im Februar 2014 an den Computer gesetzt und eine Facebook-Seite mit dem Titel »Laienreanimation kann jeder« eingerichtet. Mit der Aktion hatte er einen Nerv getroffen, innerhalb weniger Tage hatte die Seite über 1.000 Follower, und die ersten Anfragen für Seminare gingen ein. Inzwischen finden ständig irgendwo in Hagen Seminare statt, Unternehmen, Einzelpersonen, Vereine und Sportgruppen lassen sich von Jens Schilling darin schulen, im Notfall Leben zu retten. Diejenigen, die dafür gerade keine Zeit haben oder die auf der Warteliste stehen, finden in einem Faltblatt und auf der Internetseite www.laienreanimationkannjeder.de die grundlegenden drei Schritte, mit denen jeder seinen Beitrag leisten kann, um Leben zu retten.

Es vergeht kaum eine Woche, in der Jens Schilling nicht unterwegs ist, um Menschen zu schulen oder Gespräche zu führen und Projekte zu planen.

Aus der Facebook-Seite hat sich inzwischen fast so etwas wie eine Lobbytätigkeit für die Laienreanimation entwickelt, die Jens Schilling kaum noch allein und ausschließlich ehrenamtlich betreiben kann. Inzwischen kommen die Anfragen nämlich nicht mehr nur aus Hagen, sondern aus dem ganzen Bundesgebiet, selbst aus Berlin gibt es die ersten Einladungen. Das lässt sich nicht alles in der Freizeit realisieren. Deshalb ist Jens Schilling froh, dass seine Frau Bettina und sein Sohn Moritz hinter ihm stehen und auch sein Arbeitgeber ihn unterstützt. Mit der *Arbeitsgruppe Leben retten* des Allgemeinen Krankenhauses Hagen ist man dabei, das Thema auch in Hagener Schulen zu verbreiten. Im Allgemeinen Krankenhaus hatte er im Übrigen das Schlüsselerlebnis, das ihn dazu animierte, die Facebook-Seite einzurichten. »Im Januar 2014 brachte ich einen Patienten nach der Erstversorgung auf die Intensivstation. Die Angehörigen waren natürlich völlig fertig, vor allem deshalb, weil der Mann in ihrem Beisein zusammengebrochen war, und sie nicht wussten, was sie tun sollten.« Das hat Jens Schilling nicht losgelassen, nicht ahnend, welchen Stein dieses Gespräch im Besucherbereich des Allgemeinen Krankenhauses ins Rollen bringen würde.

ALLGEMEINES KRANKENHAUS HAGEN
GRÜNSTRASSE 35
58095 HAGEN
WWW.LAIENREANIMATIONKANNJEDER.DE

36 Zwischen Rittern, Zirkus & Kirchenkreis

Christian Isenbeck managt die Elbershallen

Wer am Rande der Innenstadt über das Elbersgelände geht, fragt sich unweigerlich, wie es gelingen kann, diese verschiedenen Institutionen und ihre Angebote zusammenzuhalten. Wenn man dann aber Christian Isenbeck trifft, scheint das ganz logisch. Er wirkt wie jemand, der es hinkriegt, Netze zu knüpfen und als Manager der Elbershallen auch in kniffligen Situationen den Überblick zu behalten.

Birgit Ebbert: Wie schaffen Sie es, dass ein Gelände mit einer Fläche von 45.000 m^2 und fast 50 Mietern wie aus einem Guss wirkt?
Christian Isenbeck: Schön, dass die Elbershallen auf Sie so wirken. Das war nicht immer der Fall. In den ersten Jahren war das Gelände außerhalb der Öffnungszeiten der Diskothek oft verwaist. Ich bin froh, dass das heute anders ist.
Wie haben Sie das hinbekommen?
Als ich Anfang 2011 meine Tätigkeit aufnahm, habe ich einige Wochen nur beobachtet, was hier los ist, wer hier ein- und ausgeht und wann die Menschenströme sind. Ich habe viele Gespräche geführt und gesammelt, was sich die Mieter, aber auch die Anwohner wünschen. Gerade diejenigen, die in den umliegenden Häusern wohnten, waren nicht begeistert, dass hier durch die Gastronomie nachts besonders am Wochenende ständig Bewegung war. Aber mich hat das Gelände schon immer fasziniert, das hat mich an der Aufgabe gereizt.
Daraus, dass Sie die Elbershallen schon vorher kannten, schließe ich, dass Sie nicht nach Hagen gezogen sind, um den Job als Manager der Elbershallen zu übernehmen. Welche Beziehung haben Sie zu Hagen?
Ich bin Hagener. Ich bin in Wehringhausen aufgewachsen und habe dort, von vier Jahren auf Emst abgesehen, immer gewohnt. Für mich ist Hagen eine reizvolle Stadt, die viel mehr bietet, als die meisten wissen.
Was ist es, was Hagen so besonders macht?
Rein zahlenmäßig ist Hagen die Stadt mit dem größten Grünanteil in NRW. Allerdings ist das für jemanden, der aus dem Sauerland kommt, kein Anziehungspunkt, Grün hat er selbst genug. Aber Hagen ist zum

Auf dem Gelände der Elbershallen gibt es immer etwas zu sehen und zu fotografieren

Beispiel die einzige Stadt in Deutschland mit vier Flüssen. Nicht zu vergessen der *Hagener Impuls*, für mich das kulturelle Highlight der Stadt und Erbe von Karl Ernst Osthaus.

Woher rührt Ihre gute Kenntnis über Hagen?

Die kommt zwangsläufig, wenn man in einer Stadt lebt und etwas für sie bewegen will. Außerdem war ich einige Jahre Vorsitzender der Werbegemeinschaft und habe im Stadtmarketing gearbeitet, da nimmt man eine Stadt genau in den Blick.

Bei Ihnen ist es, so scheint mir, mit dem Blick nicht getan. Was ich so höre, sind Sie jemand, der gerne Konzepte und Pläne entwickelt und diese in die Tat umsetzt?

Das stimmt. Ich finde es wunderbar zu erleben, dass man eine Strategie entwickelt und diese dann auch zum Erfolg führt.

Und wie sah beziehungsweise sieht Ihre Strategie für die Elbershallen aus?

Schon während ich Informationen und Wünsche aller Beteiligten gesammelt habe, habe ich mich erinnert, dass die Elbershallen ursprünglich als »Kultur- und Freizeitfabrik« angedacht waren, und ich habe mich gefragt, wie sich der Kulturaspekt noch stärker vermitteln lässt.

Dann hatte ich das Quäntchen Glück, das man manchmal braucht. Es meldeten sich auf das Vermietungsangebot für das Turbinenhaus Dario Weberg und Indra Janorschke. Wir wurden uns schnell einig, dass in die »Kapelle«, wie das Turbinenhaus wegen seiner Architektur auch genannt wird, ein Theater einzieht. Mit dem *Theater an der Volme* wurde ein kulturelles Highlight auf dem Areal geschaffen, das vergleichbar der Diskothek für den Freizeitbereich war. Es entstand ein eigener kleiner Kultur- und Freizeitkosmos verbunden mit der Gastronomie. Wenn einmal ein solches Gerüst steht, kommt eins zum anderen, Livemusik an Sommerabenden, Kleinkunst im Rahmen des *Muschelsalats*, Ausstellungen mit Kunsthandwerk … Die Bandbreite der Institutionen, die sich auf dem Gelände angesiedelt haben, ist riesig, der Kinderzirkus *Quamboni* hat hier sein Zuhause, aber auch die Superintendentin des Kirchenkreises, eine Musikschule, eine Behindertenwerkstatt, ein Bowling Center, ein Ballettstudio, ein Tanzzentrum, eine Pole Garage und viele weitere Einrichtungen – das Leben hier ist unglaublich bunt.

Buntes Leben, das ist ein gutes Stichwort. Ihr Leben war auch alles andere als grau, oder?

Das stimmt, aber es gab auch Höhen und Tiefen, das darf man nicht vergessen.

Tiefen hat jeder einmal, interessanter sind doch die Höhen, von denen aus man etwas in Gang bringen kann. Was waren Ihre Highlights? Oder sagen wir, Meilensteine im Leben? Wie fing Ihr beruflicher Werdegang an?

Nach dem Abitur habe ich mit einem Lehramts-Studium begonnen, und wie man das so machte, nebenher gekellnert, um mir etwas dazu zu verdienen. Irgendwann übernahm ich die erste Kneipe, was ich sehr viel spannender fand als das Studium. Von da aus ergab eins das andere, die nächste Kneipe kam hinzu, dann ein Restaurant, irgendwie lief es und machte mir viel Spaß.

Welche Kneipen waren das zum Beispiel?

Ach, die gibt es alle längst nicht mehr, der *Simpl* gehörte dazu, das *Auberge* und *Chez nous*, eine Zeit lang war ich im Ratskeller und in der

Die Gastronomie in den Elbershallen lädt das ganze Jahr über zum Verweilen ein

Markthalle mit dem Steakhaus *El Bisonte*. Das ist dort, wo heute Thalia ist. In der Markthalle hatten wir auch den *Andreasplatz*, der leider nicht weitergeführt werden konnte, weil der Mietvertrag auslief.

Die Namen der Kneipen kenne ich, die tauchen noch heute auf, sobald über die 80er- und 90er-Jahre in Hagen gesprochen wird. Bedauern Sie es, dass Sie das nicht weiterführen konnten?

Damals habe ich es natürlich bedauert. Das war einfach toll, wir hatten den ersten Biergarten in der Fußgängerzone, und es war immer etwas los. Aber in der Rückschau stelle ich fest, dass solche Zwangsabschiede immer zu spannenden neuen Aufgaben geführt haben. Danach wurde ich City Manager beim Hagener Stadtmarketing, und wir haben dort unter anderem den Slogan »Lebendiges Hagen« auf den Weg gebracht, der für mich noch heute stimmig ist und nur jeweils mit Inhalt gefüllt werden muss!

Wenn Sie Ur-Hagener sind, spielen Sie dann auch Basketball? Wenn man nach Hagen zieht, kann man den Eindruck gewinnen, Basketball wäre hier das, was in anderen Orten der Fußball ist.

Möglich wäre das. Immerhin ist Hagen bis heute die einzige Stadt, in der es zeitweise zwei Basketball-Bundesliga-Mannschaften gab, da bleibt es nicht aus, dass man früh mit der Sportart in Berührung kommt.

Sie auch?

Natürlich, ich spiele bis heute Basketball. Für die Ligavereine hat mein Talent leider nicht gereicht, stattdessen habe ich mich hinter den Kulissen engagiert.

Das klingt, als hätten Sie ein wenig im Vorstand mitgemischt, aber ein bisschen mehr war das schon, das müssen Sie zugeben.

Ach, das liegt doch schon lange zurück.

Das mag sein, aber Ihr Engagement wirkt bis heute. Nun erzählen Sie schon, wie das war mit der Fusion der beiden Ligavereine?

Wenn es sein muss. Ich war damals Vorsitzender des *TSV Hagen 1860*. Wir spielten in der ersten Basketballliga und der *SSV Goldstar* ebenfalls. Der *SSV Goldstar* stand leider immer vor uns in der Tabelle, und wir haben uns vorgenommen, einmal vor ihm zu stehen. In einem unglaublichen Kraftakt haben wir das nach sieben Jahren geschafft. Danach waren wir quasi auf Augenhöhe und konnten in Gespräche über eine Fusion eintreten, weil sich abzeichnete, dass durch die immer stärkere Professionalisierung und Kommerzialisierung des Sports nicht zwei Vereine in Hagen überleben würden. Nach drei Monaten zäher Verhandlungen im Hintergrund haben wir schließlich beide Basketballabteilungen zu *Brandt Hagen* fusioniert, wo ich die ersten drei Jahre Präsident war.

Das hört sich an, als hätten Sie immer viel zu tun gehabt. Da könnten Sie jetzt doch eigentlich das Rentnerdasein genießen.

Das kann ich mir nicht vorstellen. Ich habe immer gerne gearbeitet und erinnere mich nicht, dass ich jemals gedacht habe: Heute *muss* ich arbeiten. Da bin ich wie mein Vater, der bis zu seinem 94. Lebensjahr berufstätig war. Körperliche Bewegung finde ich wichtig, aber auch der Kopf braucht bis ins hohe Alter Anforderungen, um fit zu bleiben.

Die haben Sie hier in den Elbershallen ja genug.

In einem solchen Projekt herrscht niemals Stillstand, Mieter kommen und gehen, und die Zeiten ändern sich, es gibt immer neue Ideen, die man umsetzen kann. So viel kann ich verraten, die Entwicklung der Elbershallen wird weitergehen, und sie bleibt spannend.

ELBERSHALLEN KULTUR-
UND FREIZEITFABRIK
DÖDTERSTRASSE 10
58095 HAGEN
WWW.ELBERSHALLEN.DE

37 Ein Leben für Molche, Teiche und Co.

Ralf Blauscheck organisiert Naturschutz von Haus Busch aus

Wen immer man fragt, was ihm an Hagen so gefällt, lautet eine Antwort: die Natur – das Metier von Ralf Blauscheck. Er leitet die Biologische Station, die aus dem Umweltzentrum hervorgegangen ist, und ist vermutlich einer der wenigen Menschen in Hagen und darüber hinaus, die als Jugendliche begonnen haben, den späteren Arbeitsplatz aufzubauen.

Indirekt schon als kleiner Junge, als er sich für Frösche und andere Amphibien in der Hohenlimburger Nachbarschaft interessierte. Aus der kindlichen Neugier wurde der jugendliche Wunsch, etwas für die Tiere zu tun, der dazu führte, dass Ralf Blauscheck mit anderen die *BUND-Kreisgruppe Hagen* gründete. Es ist faszinierend, wie sich das Thema Natur und Naturschutz durch das Leben Ralf Blauschecks zieht. Leicht war der Weg nicht. »Naturschutz hatte noch nie eine große Lobby«, bedauert Ralf Blauscheck und erinnert sich an das spöttische Grinsen der Mitschüler, wenn er von Amphibien schwärmte und – statt wie die anderen in der Stadt abzuhängen – Kröten über die Straße trug. Das änderte sich ein wenig, als die ersten Zeitungen über sein Engagement berichteten. Ihm war das nicht wichtig, weil es ihm immer um Natur und Nachhaltigkeit ging. Dafür engagiert er sich beruflich und privat. »Man kann nicht sagen, wo der Beruf anfängt und das private Engagement aufhört.« Mit seiner Tätigkeit als Leiter der Biologischen Station hat er das ehrenamtliche Engagement im *BUND* nicht aufgegeben. »Ich könnte mir aber auch nicht vorstellen, einen Job zu haben, bei dem alles nach der Uhr geht.«

Davon kann bei ihm keine Rede sein, schließlich ist er in zwei weiteren Vereinen aktiv, die ihn mitunter auch nachts in Atem halten. Weniger der *Naturerlebnis e. V. Marienhof*, den er vor Jahren mitgegründet hat. Aus bürokratischen Gründen im Übrigen, weil das Land ursprünglich die Aufgabe der Umweltpädagogik für die Biologischen Stationen und Umweltzentren nicht vorsah. Da Ralf Blauscheck und seinen Mitstreitern die frühe Heranführung an Umweltthemen wich-

Haus Busch *ist umgeben von einem Naturlehrpfad mit Wissenstafeln*

tig war, haben sie kurzerhand den Marienhof gegründet, wo bis heute Honorarkräfte Seminare rund um Natur und Umwelt anbieten. Aber die sind es nicht, die Ralf Blauscheck manche schlaflose Nacht bereiten, sondern die Kälbchen seines zweiten Herzensprojektes, des *Vereins für extensive Kulturlandschaftspflege e. V.* Im Gegensatz zum Naturschutz, der sich um natürlich entstandene Grün- und Wasserflächen kümmert, engagiert sich dieser Verein für von Menschen angelegte Kulturlandschaftsräume wie Obstwiesen und extensiv genutztes Grünland. Den Kern des Vereins bildet ein *BIOLAND*-Betrieb mit einer Mutterkuhherde der geschützten Rinderart *Rotes Höhenvieh*: Bei gut 40 Kühen gibt es immer etwas zu tun, und wenn sich die Geburt eines Kalbes ankündigt, ist es oft Ralf Blauscheck, der der werdenden Mutter Beistand leistet.

Das Zupacken hat er also nicht verlernt, seit er als Junge in der Schul-AG Tümpel buddelte. Er genießt es sogar, wenn er den Schreibtisch verlassen kann, um eines der Naturschutzgebiete in Hagen aufzusuchen. »Inzwischen brauche ich keine technischen Geräte mehr, um zu sehen, wie sich eine Fläche entwickelt«, meint der Naturliebhaber, dessen 25-jähriges Berufsjubiläum schon ein Weilchen zurückliegt. Dabei war es Zufall, dass er in der Biologischen Station gelandet ist. Als er das Lehramts-Studium in Biologie und Kunst abgeschlossen hatte, wurden in NRW keine Neulehrer mit dieser Fächerkombination eingestellt. Während seine Kommilitonen sich als Pharmareferenten verdingten, bekam er eine ABM-Stelle beim Umweltzentrum, das damals unter der Federführung des *BUND* stand. Als 1990 die Biologischen Stationen als Schnittstelle für den örtlichen Naturschutz eingerichtet wurden, war er zur rechten Zeit an der richtigen Stelle. Bereut hat er keinen Tag, dass er diesen Weg beschritten hat. »Wenn ich sehe, dass man in meinem Freundeskreis schon auf die Rente schielt, um nicht mehr arbeiten zu müssen, wundere ich mich. Ich liebe meinen Beruf, weil er Spaß macht und ich etwas tun kann, was mir wichtig ist und langfristig wirkt.«

Und da hat er einige Erfolge aufzuweisen, zum Beispiel das Naturschutzgebiet *Lenneaue Berchum*, das der *BUND* 1984 von der Stadt Hagen rund um Reste des alten Lennelaufes gepachtet hat, und wo heute Auwälder, Streuobstwiesen, Brachflächen und geschützte Tierarten zu einem Spaziergang einladen. Auch an der *Ruhraue Syburg*, in deren Mähwiesen und Weiden über 200 Pflanzen- und rund 60 teils seltene Vogelarten heimisch sind, hat er mitgewirkt. Aber auch mit kleinen Projekten wie dem Nisthilfen-Lehrpfad rund um *Haus Busch* oder dem Naturerlebnispfad am ehemaligen Koenigsee in Hohenlimburg sorgt Ralf Blauscheck mit seinen Mitarbeitern und vielen Ehrenamtlichen dafür, dass die Hagener auf die Natur der Stadt stolz sein können.

BIOLOGISCHE STATION UMWELTZENTRUM
HAGEN E. V.
HAUS BUSCH 2
58099 HAGEN
WWW.BIOSTATION-HAGEN.DE

N°1

38 Ein Waisenheim für Kwa Zulu Natal

Das Ehepaar Boecker und die Jugendbildungsstätte Don Bosco

Seit ihrer Kindheit sind Dorothée und Michael Boecker überzeugte Pfadfinder. Das Werk Baden Powells hat sie von Hagen nach Südafrika geführt und wieder zurück, allerdings mit einem festen Anker in ihrem Herzen. Seit 2003 unterstützen sie mit persönlichem Engagement und dank der Spenden vieler Hagener das Waisenheim Don Bosco in Bamshela. Kwa Zulu Natal ist den beiden Hagener Sozialarbeitern zur zweiten Heimat geworden, selbst ihre Kinder haben inzwischen Heimweh, wenn sie lange nicht dort waren.

Birgit Ebbert: Wie kamen Sie auf die Idee, in Südafrika ein Waisenheim aufzubauen?
Michael Boecker: Die Initialzündung kam von meiner Frau, die mit einer Pfadfindergruppe in Bamshela war und erkannte, dass dort mehr Hilfe nötig war, als im Rahmen eines Besuches geplant war.
Dorothée Boecker: Ich wollte mit einer Pfadfindergruppe dort einige Wochen in einem Waisenheim mitarbeiten. Als wir eintrafen, stellten wir fest, dass es das Haus noch gar nicht gab, nur eine Suppenküche und viele Kinder ohne Eltern.
Woher kam der Gedanke, mit einer Pfadfindergruppe nach Afrika zu reisen?
Dorothée Boecker: Wir haben uns immer schon für die Ursprünge der Pfadfinderbewegung interessiert, und der Gründer, Baden Powell, war zuerst und vor allem in Afrika aktiv. Außerdem hat mich das Land fasziniert. Ich weiß noch, dass mein Bruder mir, als ich klein war, einen Zimbabwe-Bird schenkte und sagte, wenn du groß bist, fliegen wir nach Afrika.
Michael Boecker: Wir beide waren vorher auf den Spuren von Baden Powell in Afrika gewesen. Das Land ist einfach atemberaubend. Man vergisst oft, dass Zimbabwe die Wiege der Menschheit ist. Davon haben wir in unseren Gruppen erzählt und andere angesteckt.
Wie hatten Sie die Reise ursprünglich geplant?
Dorothée Boecker: Wir wollten ein paar Wochen in dem Waisenhaus

Dorothée und Michael Boecker im Waisenhaus Don Bosco in Bamshela

helfen und danach das Land kennenlernen, wandern und schwimmen. Letztendlich haben wir die ganze Zeit gearbeitet. Nachdem ich mich von der Überraschung erholt hatte, habe ich mit Michael telefoniert, der mit einer Pfadfindergruppe in Polen war. Wir haben entschieden, dass wir etwas machen mussten.

Michael Boecker: Es war, als hätte das Projekt auf uns gewartet.

Wie sah das Waisenhaus nach drei Wochen aus?

Dorothée Boecker: Es war natürlich noch nicht fertig. Wir haben aus Holz(p)latten Betten gebaut und Matratzen besorgt, sodass die Kinder wenigstens einen Schlafplatz in einem Haus hatten und nicht mehr im Freien nächtigen mussten.

Michael Boecker: Und es gab das Logo, das wir noch heute nutzen.

Dorothée Boecker: Genau. Es stellte sich schnell die Frage, wie das Waisenheim heißen sollte. Wir haben uns für *Don Bosco* entschieden, weil der Pfadfinderstamm in Dahl-Rummenohl Don Bosco heißt und das Engagement Don Boscos für benachteiligte Kinder und Jugendliche ein Vorbild für uns war.

Was haben die Pfadfinder in Dahl zu dem Projekt gesagt?

Michael Boecker: Die standen von Anfang an hinter uns. Es kannten uns alle, wir waren ja schon als Kinder dabei, weil die Geschwister von Dorothée den Pfadfinderstamm in Dahl aufgebaut haben.

Dorothée Boecker: Nicht nur die Pfadfinder, der ganze Stadtteil unterstützt uns noch heute. Wir sind auf regelmäßige Spenden angewiesen. Auch wenn das Waisenhaus vom südafrikanischen Staat gefördert wird, benötigen wir Mittel, um dort weiterzuarbeiten.

Haben Sie mit dem Gedanken gespielt, ganz nach Afrika zu ziehen?

Michael Boecker: Nachdem die Grundlagen für das Waisenhaus geschaffen waren, haben wir 2004 und 2005 tatsächlich längere Zeit in Südafrika gelebt. Wir haben unsere Wohnung hier aufgegeben und uns zunächst für ein Jahr von unseren Arbeitgebern beurlauben lassen. In der Zeit haben wir uns darum gekümmert, dass ein richtiges Haus gebaut, eine Küche eingerichtet und ein Brunnen gebohrt wurde.

Dorothée Boecker: Wir sind nach einem Jahr nach Hagen zurückgekommen, auch weil wir festgestellt haben, dass wir von hier aus viel mehr bewegen können. Uns ist wichtig, dass die Menschen in Afrika nach ihren Vorstellungen und mit ihren Möglichkeiten arbeiten. Hier in Deutschland können wir für Aufmerksamkeit sorgen und Spenden sammeln für Dinge, die nicht vom Staat finanziert werden können.

Wie sammeln Sie Spenden?

Dorothée Boecker: Wir gehen in Schulen oder Vereine und stellen das Projekt vor. Die Schüler sind immer begeistert und hoch motiviert, sich etwas auszudenken, um zu helfen. Manche Schulen führen seit Jahren einen Spendenlauf durch oder verkaufen selbst gebackene Waffeln, das ist ganz unterschiedlich.

Inzwischen haben Sie zwei Kinder, schaffen Sie es noch, nach Bamshela zu fliegen?

Dorothée Boecker: Wir sind jetzt natürlich auf die Sommerferien angewiesen, aber wir leben weiterhin einen Monat im Jahr in Südafrika. Das ist unser zweites Zuhause und auch das unserer Kinder. Sie vermissen ihre Freunde und das Leben dort.

Wie sieht das Leben in Afrika für die Kinder aus?

Michael Boecker: Das kann man schlecht beschreiben, es ist einfach völlig anders. Die Bedürfnisse sind andere. Statt eines Kinderzimmers voller Spielzeug gibt es alte Rohre, Steine, Gräser und was eben zum Spielen vorhanden ist.

Seit 2003 unterstützen Dorothée und Michael Boecker die Einrichtung in Bamshela

Dorothée Boecker: Es ist faszinierend zu sehen, wie die Kinder sich untereinander nur durch Gesten, gemeinsames Lachen und einige wenige Worte verständigen. Da sieht man, dass Kommunikation keine Sprache braucht.

Aber Sprache ist doch hilfreich, oder? Wie verständigen Sie sich?

Michael Boecker: Wir sprechen Englisch und haben notfalls einen Dolmetscher. Aber Sie haben recht. Letztlich hat alles damit angefangen, dass die Kommunikation mit dem Südafrikanischen Pfadfinderverband nicht ganz einwandfrei geklappt hat. Während wir dachten, wir sollten in einem Waisenhaus etwas renovieren, haben die Menschen dort erwartet, dass wir das Heim aufbauen.

Dorothée Boecker: Aber das sind Ausnahmen, in der Regel klappt die Verständigung sehr gut.

Sie sind beide Sozialarbeiter, da denkt man sicher beim Aufbau eines Waisenhauses über sicheres Essen und Schlafen hinaus. Gibt es ein Konzept für Ihre Einrichtung?

Michael Boecker: Damit kein falscher Eindruck entsteht, wir sind nicht nach Bamshela gegangen, um unsere Ideen dort überzustülpen, sondern, um den Menschen zu helfen. Dabei ist weder unser Lebensstandard noch unser Gesellschaftssystem der Maßstab. Deshalb war das oberste Ziel, dafür zu sorgen, dass die Kinder, die ins Don Bosco Waisenheim kommen, sicher und in Würde leben können. An zweiter Stelle steht aber der Wunsch, ihnen Bildung und Kindheit zu ermöglichen.

Dorothée Boecker: Wir achten zum Beispiel darauf, dass die Kinder freie Zeit haben. Freizeit kennt man in Südafrika kaum. Natürlich müssen die Kinder ihren Beitrag zum Alltag leisten, aber sie gehen eben auch zur Schule, und das ist allen Beteiligten – uns und den Verantwortlichen vor Ort – wichtig.

Wie werden die Verantwortlichen vor Ort einbezogen?

Michael Boecker: Wir haben von Anfang an darauf geachtet, dass das Waisenheim ein Projekt der Zulus ist, auf deren Gebiet es steht. Sie haben schließlich alles angestoßen, indem sie den Pfadfinderverband um Unterstützung gebeten haben. Es gibt eine Partnerorganisation, die vor Ort die Fäden in der Hand hält, den *Siybathanda reg. org*.

In Ihrem Flyer steht, dass jeder Cent ohne Abzug von Verwaltungskosten in Ihre Projekte fließt. Wie schaffen Sie das?

Dorothée Boecker: Wir arbeiten alle ehrenamtlich. Vor einigen Jahren haben wir darüber nachgedacht, ob wir eine Kraft beschäftigen, die sich um Verwaltung und Ähnliches kümmert. Aber für uns war klar, dass jeder gespendete Euro dem Projekt zugutekommen muss.

Michael Boecker: Zum Glück haben wir eine große Familie, die uns bei Verwaltungsaufgaben unterstützt. Sonst wäre das nicht möglich.

Apropos Familie. Sie und Ihre Familien kommen aus Hagen, was ist für Sie das Besondere an der Stadt?

Dorothée Boecker: Die Vielfalt der Kulturen! Als die Kinder klein waren, war ich mit ihnen oft im Volkspark, es ist toll, diese kulturelle Vielfalt dort zu erleben.

Michael Boecker: Das ist die Stärke Hagens, finde ich auch. Ich bin in Ambrock aufgewachsen und mit Multikulti groß geworden.

Und welcher Ort spielt in Ihrem gemeinsamen Leben eine besondere Rolle?

Dorothée Boecker: Natürlich das Waisenheim in Bamshela.

Michael Boecker: Hier in Hagen hat uns die Jugendbildungsstätte Don Bosco Rummenohl auf unserem Weg als Pfadfinder und bei vielen Anlässen mit unseren südafrikanischen Freunden begleitet.

JUGENDBILDUNGSSTÄTTE DON BOSCO
SALMUTHSTRASSE 10
58091 HAGEN
WWW.ENTWICKLUNGSHILFE-DONBOSCO.DE

5
BBL

39 Vom Basketballer zum Sportmanager

Oliver Herkelmanns Basketball-Zuhause ist die Enervie Arena

Zu den Dingen, die ein echter Hagener einmal in seinem Leben getan haben sollte, gehört in jeden Fall der Besuch eines Spiels der Bundesliga-Basketball-Mannschaft *Phoenix Hagen*. Einer, der in den letzten Jahren kein Spiel verpasst hat und schon als Kind in der heutigen *Enervie Arena* trainiert hat, ist Oliver Herkelmann. Seit über 30 Jahren wird sein Leben vom Basketball bestimmt. Dabei hat er seine sportliche Laufbahn mit Kicken auf dem Bolzplatz in Helfe begonnen.

»Ich wäre gerne wie Klaus Fischer geworden, er war mein großes Vorbild. Das Trikot Nr. 9 hatte ich sogar schon, und ich habe bei jeder Gelegenheit dessen Fallrückzieher geübt«, erinnert sich Oliver Herkelmann, der noch heute bekennender Schalke-Fan ist. Während ihm beim Fußball seine Körpergröße im Weg stand, waren die 2,08 Meter für den Basketball-Sport optimal. Mit elf oder zwölf Jahren lernte er im Sportunterricht am Theodor-Heuss-Gymnasium diesen Ballsport kennen und war schnell begeistert. »Basketball ist, von Eishockey abgesehen, die schnellste und spektakulärste Ballsportart, die es gibt. Die Geschwindigkeiten, die dabei ohne Hilfsmittel wie die Schlittschuhe im Eishockey erreicht werden, sind Wahnsinn. Und dass ein Angriff nur 24 Sekunden dauern darf, zieht die Zuschauer zusätzlich in den Bann. Wer einmal bei einem Spiel zugesehen hat, ist begeistert.«

Oliver Herkelmann hat sich nicht darauf beschränkt, nur zuzusehen, sondern er hat früh gespielt. Nachdem er in der Schule Feuer gefangen hatte, nahm ihn eine Cousine mit zum *SSV Hagen*, wo er in der D-Jugend gerne aufgenommen wurde. Letztlich ist er noch heute dort, auch wenn er ein Jahr in den USA studiert und drei Jahre in Trier gespielt hat. Der *SSV Hagen* ist einer der Vereine, aus denen sich vor Jahren *Phoenix Hagen* entwickelte, dessen Geschicke Oliver Herkelmann nun als Sportmanager vom Büro neben dem Fanshops aus mit lenkt. Das ist keine leichte Tätigkeit. Neben den üblichen Aufgaben in einem Unternehmen, müssen Sponsorengelder akqui-

Der Phoenix-*Fanshop hält alles Nötige für seine Fans bereit*

riert werden, weil ein Profiverein wie *Phoenix* nur von den Einnahmen aus Eintrittskarten, Catering und Fanartikeln nicht existieren kann. »Im Prinzip sind wir so etwas wie eine Non-Profit-Organisation«, erklärt Oliver Herkelmann. »Wir finanzieren Halle, Spieler, Spielbetrieb und was da sonst noch dran hängt und engagieren uns in der Jugendförderung, weil es für uns wichtig ist, eigenen Nachwuchs zu haben und die Kinder und Jugendlichen in unserer Region zu fordern und zu fördern.«

Ein solcher Nachwuchs war er auch einmal und hat in seinem Sport einige Erfolge errungen und viel erlebt. Die Weltmeisterschaft in Toronto war das größte Highlight. Vier Wochen haben die Spieler in Kanada zugebracht, um sich auf die Spiele vorzubereiten und im Turnier mitzuspielen.

Bis dahin war ein weiter Weg, der ihn aus der D-Jugend in die 2. Mannschaft des *SSV Hagen* führte – und das parallel zu den Abi-Vorbereitungen. Doch der Erfolg zeigte sich schnell, am Ende der Saison durfte er fünf Spiele in der ersten Liga spielen. »Sicher hatte ich auch ein bisschen Glück, dass ich in diesen entscheidenden Spielen sehr gut war und in der nächsten Saison in der ersten Liga dabei sein durfte.« Da passte es gut, dass er seinen Wehrdienst in der Sportkompanie in Warendorf ableisten konnte. Während seine Kollegen in Grün einen weiteren Tag exerzieren mussten, bescherte ihm dieser Dienst den Vorteil, dass er bereits donnerstags ins Wochenende zu den Spielen der Heimmannschaft fahren durfte. Nach dem Ende des Wehrdienstes hatte sich der Basketballer gerade in Dortmund für BWL eingeschrieben, als Universitäten aus dem Ausland Interesse an ihm zeigten. Einige Zeit liebäugelte er mit einem Angebot aus Hawaii, am Ende entschied er sich dann doch für das angebotene Stipendium der *George Mason University*. Das bedeutete immerhin, dass sein Lebensunterhalt samt Studienkosten und Unigebühren übernommen wurden und er in der Uni-Mannschaft Basketball spielen konnte.

Nach einem Jahr kam er allerdings zurück nach Hagen, wo er bis auf das Amerikajahr und drei Jahre bei dem Verein *HerzogTel Trier* immer gelebt hat. »Es sind vor allem die Menschen, die mich hier begeistern«, erklärt er die Treue zu seiner Heimatstadt. »Die Hagener sind ein toller Menschenschlag, cool, gut drauf, freundlich, aber nicht aufgesetzt, und aufgeschlossen, aber mit einer gewissen Distanz.«

Oliver Herkelmann muss es wissen, schließlich trifft er bei jedem Heimspiel rund 3.000 Hagener in der *Enervie Arena*. Die Halle steht noch immer dort, wo er als Junge seine ersten Erfolge gefeiert hat. Inzwischen wurde sie umgebaut, fasst mehr Menschen als damals und ist doch schon wieder zu klein. Vor allem hat die Halle einen neuen Namen bekommen, der für die Hagener inzwischen so selbstverständlich ist wie die *Ische* in Oliver Herkelmanns Jugend.

ENERVIE ARENA IM SPORTPARK ISCHELAND
STADIONSTRASSE
58097 HAGEN
WWW.PHOENIX-HAGEN.DE

40 Kreative Politik fängt im Kleinen an

Jasmin Wegner tagt mit dem Jugendrat in der Eilper Welle

Jasmin Wegner war zehn oder elf Jahre alt, als der Zufall sie an den Stand des Hagener Jugendrates führte. »Wir besuchten auf dem Weg von meinen Großeltern nach Rummenohl das Kinderfest zum Weltkindertag im Volkspark.« Wer die 15-Jährige trifft, ahnt sofort, weshalb sie angesprochen wurde. Sie strahlt einen Wissensdurst aus und kommt schnell mit Menschen ins Gespräch. Eine gute Voraussetzung für die Politik.

»Ich fand die Idee gut, mehr darüber zu erfahren, was in der Stadt geschieht und wie man als Jugendliche in Hagen etwas bewegen kann«, erinnert sich die Schülerin, die trotz einer täglichen Busfahrt zur Schule von einer Stunde an den Sitzungen des Bezirksjugendrates Eilpe-Dahl und des gesamtstädtischen Jugendrats teilnimmt. Aber sie lernt und politisiert nicht nur, sondern bastelt auch traumhafte Postkarten und erkundet Stadt und Land via Geocaching. »Das Tolle am Geocaching ist, dass man neue Ecken kennenlernt«, meint sie und berichtet von dem Hagener Multicache namens *Schwimmbad*, bei dem sie unter anderem durch einen Wildwechsel-Tunnel unter der A45 »gerutscht« ist. Sie ist eben wissbegierig und liebt es, Neues zu entdecken. Ein weiterer Grund, warum sie beim Jugendrat mitmacht, dort bekommt sie andere Informationen, als ihr sonst begegnen, und sie kann sogar in kleinen Dingen mitbestimmen. »Im Sommer fahren wir nach Berlin, besuchen den Bundestag und sprechen mit Bundestagsabgeordneten.«

Die eine oder andere Erkenntnis wird Jasmin Wegner ganz sicher mit nach Hagen bringen und vielleicht sogar direkt einbringen, wenn sie an der nächsten Sitzung des Bezirksjugendrates in der *Eilper Welle*, teilnimmt.

KINDER- UND JUGENDTREFF EILPER WELLE
IN DER WELLE 35
58091 HAGEN

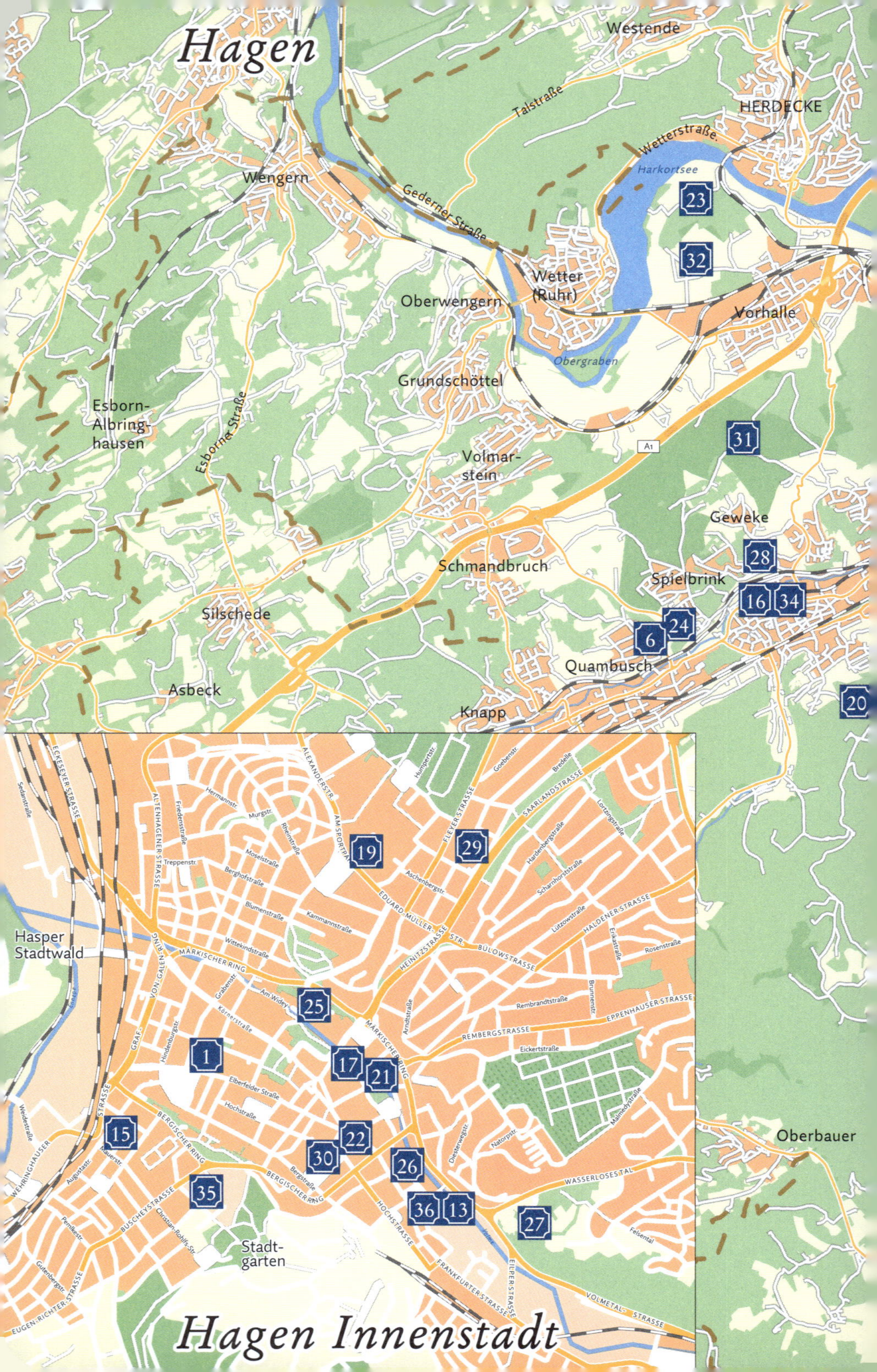

Hagen
Westende
HERDECKE
Talstraße
Wetterstraße
Harkortsee
Wengern
Gederner Straße
Wetter (Ruhr)
Oberwengern
Vorhalle
Obergraben
Grundschöttel
Esborn-Albringhausen
Esborner Straße
Volmarstein
A1
Geweke
Schmandbruch
Spielbrink
Silschede
Quambusch
Asbeck
Knapp
23
32
31
28
16
34
24
6
20
Hagen Innenstadt
Hasper Stadtwald
Oberbauer
Stadtgarten
Eckeseyer Strasse
Altenhagener Strasse
Alexanderstr.
Am Sportpark
Fleyer Strasse
Saarlandstrasse
Eduard-Müller-Str.
Heinitzstrasse
Bülowstrasse
Haldener Strasse
Märkischer Ring
Graf-von-Galen-Ring
Rembergstrasse
Eppenhauser Strasse
Elberfelder Straße
Hochstraße
Bergischer Ring
Buscheystrasse
Wehringhauser Strasse
Eugen-Richter-Strasse
Hochstrasse
Frankfurter Strasse
Eilper Strasse
Wasserlosestal
Volmetal-Strasse
Körnerstraße
19
29
25
1
17
21
15
22
30
26
35
36
13
27

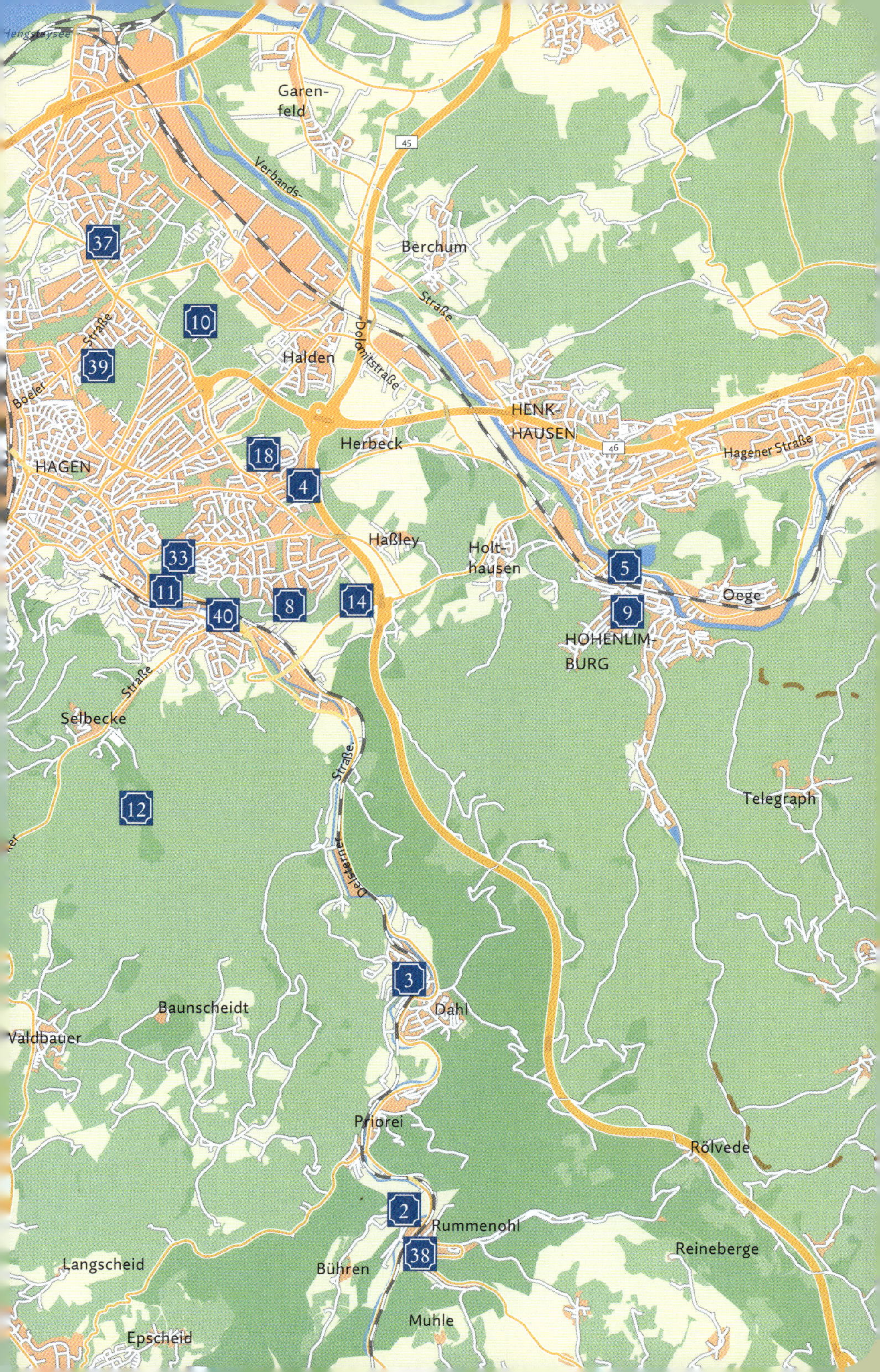
Hengsteysee
Garen-
feld
45
Verbands-
Berchum
Straße
Dolomitstraße
Halden
37
10
39
Straße
Boeler
HAGEN
18
4
Herbeck
HENK-
HAUSEN
46
Hagener Straße
Haßley
Holt-
hausen
33
11
40
8
14
5
9
Oege
HOHENLIM-
BURG
Straße
Selbecke
Straße
12
Telegraph
3
Dahl
Baunscheidt
Valdbauer
Priorei
Rölvede
2
Rummenohl
38
Reineberge
Langscheid
Bühren
Muhle
Epscheid

Bildverzeichnis

Sofern hier nicht erwähnt, stammen alle Bilder von Dr. Birgit Ebbert.

Innenseiten:

Dr. Birgit Ebbert, mit freundl. Genehmigung v. 107,7 Radio Hagen 16; Bernhard Pankok: Karl Ernst Osthaus, 1918, mit freundl. Genehmigung des Osthausmuseums 22; mit freundl. Genehmigung v. Reinhold Wieder 28; Brandt Zwieback-Schokoladen GmbH + Co. KG 32; Dr. Birgit Ebbert, mit freundl. Genehmigung der Brandt Zwieback-Schokoladen GmbH + Co. KG 36; mit freundl. Genehmigung des Archivs ardenkuverlag 38; mit freundl. Genehmigung des Fürsten zu Bentheim-Tecklenburg 44; Dr. Birgit Ebbert, mit freundl. Genehmigung d. Fürsten von Bentheim-Tecklenburg 46, 48; mit freundl. Genehmigung der Fernuniversität in Hagen 50, 52; Robert Maschke, mit freundl. Genehmigung von Farid 54; Dr. Birgit Ebbert, mit freundl. Genehmigung d. Deutschen Kinderschutzbundes Ortsverband Hagen e.V. 78; Dr. Birgit Ebbert, Gemälde von Ruth Eckstein, mit freundl. Genehmigung v. Hans Eckstein 86; Dr. Birgit Ebbert, mit freundl. Genehmigung der Ardenku-Galerie 88; Dr. Birgit Ebbert, mit freundl. Genehmigung vom AllerWeltHaus Hagen 94, 96, 98; Dr. Birgit Ebbert, mit freundl. Genehmigung v. Ricarda-Huch-Gymnasium 114, 115; Ralf Cohen, mit freundl. Genehmigung des Emil Schumacher Museums Hagen 134; Dr. Birgit Ebbert, mit freundl. Genehmigung der Stadt Hagen 140, 142, 144; Dr. Birgit Ebbert, mit freundl. Genehmigung v. Hagenpeg Projektentwicklung GmbH 160, 162; mit freundl. Genehmigung von Dorothée und Michael Boecker 170, 172; Dr. Birgit Ebbert, mit freundl. Genehmigung von Phoenix Hagen 174, 176;

Umschlag:

Petra Holtmann: Dr. Birgit Ebbert, Gemälde von Ruth Eckstein, mit freundl. Genehmigung von Hans Eckstein

Quellenverzeichnis

Beitrag 4 – Karl Ernst Osthaus:

Herta Hesse-Frielinghaus u. a.: Karl Ernst Osthaus. Leben und Werk. Recklinghausen Verlag Aurel Bongers 1971

Lieber Leser, wenn Sie ein Feedback zum Buch geben möchten, bitte schreiben Sie uns!
Autor und Verlag freuen sich über Ihre Rückmeldung.
stadtgespraeche@gmeiner-verlag.de

BIRGIT EBBERT
Wer mordet schon im Ruhrgebiet?

978-3-8392-1776-4 (Paperback)
978-3-8392-4815-7 (pdf)
978-3-8392-4814-0 (epub)

»Dort, wo die Verbrecher wohnen«

Nach einem Klassentreffen liegt einer der ehemaligen Kameraden tot in der Burgruine Isenburg. Am Ümminger See wird eine Frauenleiche gefunden. Im Archäologischen Park Xanten verschwinden nacheinander Teilnehmer eines PR-Wettbewerbs. Anja Kleine, Krimi-Buchhändlerin, Sven Kempelmann, Hobbyermittler, und der gerade vom Bergmann zum Privatdetektiv umgeschulte Hannes Haarmann haben alle Hände voll zu tun. Denn das Verbrechen scheint sich im Ruhrgebiet wohlzufühlen.

»66 Lieblingsplätze«

für Einheimische, Besucher und Neugierige

Besuchen Sie besondere Orte der Stille in Bayern, folgen der Lahn durch das Lahntal oder lassen Sie das idyllische Allgäu auf sich wirken. Reisen Sie nach Oberschwaben auf der Suche nach barocken Prachtbauten oder entdecken Sie die musikalische Seite Wiens. Ob eine Expedition in die Elbmetropole Dresden oder ein Ausflug zum Watzmann, auf Luthers Spuren durch das Land oder eine geografische Reise zum Bier: Erleben Sie mit unseren Lieblingsplätzen die Vielfalt Deutschlands, Österreichs, Italiens und der Schweiz!

978-3-8392-1873-0

978-3-8392-1898-3

978-3-8392-1899-0

978-3-8392-1867-9

978-3-8392-1870-9

978-3-8392-1869-3

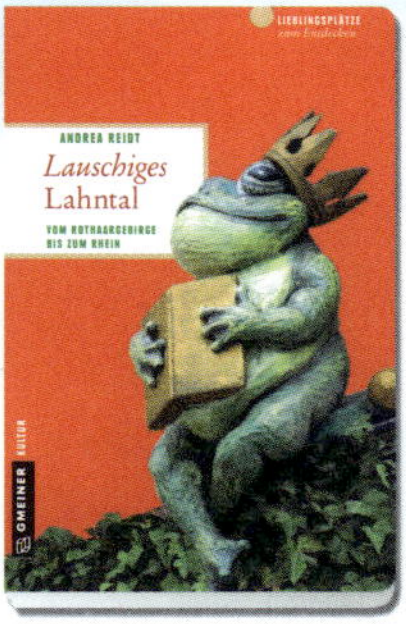

978-3-8392-1875-4

978-3-8392-1874-7

978-3-8392-1871-6

978-3-8392-1872-3

978-3-8392-1283-7

978-3-8392-1901-0

© Daniela Bloechinger, Ammergauer Alpen

Mit Stadtporträts die Heimat neu entdecken!

Was macht eine Stadt aus? Die Architektur? Die Sehenswürdigkeiten? Nein, es sind die Menschen, die einer Stadt ihr Gesicht verleihen und sie zu dem machen, was sie ist. Unsere Stadtgespräche stellen diese Menschen und ihre Geschichten in Bild und Wort vor. Originale und Prominente erzählen ebenso wie Leute von nebenan Anekdoten, Kurioses und Überraschendes aus ihrer Heimat. Aus den vielen persönlichen Mosaiksteinchen entsteht ein einzigartiges Porträt der Stadt – bunt, lebendig und menschlich.

Mit Stadtporträts die Heimat neu entdecken!

ITZEHOE ELMSHORN LÜBECK HAMBURG BERLIN MITTE
NEUKÖLLN WITTEN GELSENKIRCHEN HAGEN LEIPZIG DRESDEN
FRANKFURT A.M. ERLANGEN NÜRNBERG BAYREUTH
HEIDELBERG KARLSRUHE ROTTENBURG A.N. BALINGEN
ULM MEMMINGEN LINDAU KEMPTEN MÜNCHEN
ROSENHEIM WIEN BASEL BERN

GMEINER KULTUR

WWW.GMEINER-VERLAG.DE
Mensch, Kultur, Region